정리가 잘된

원가회계
(전산회계운용사 2급 필기)

김갑수 지음

멘토르스쿨

저자 약력

호서대학교 경영학과 졸업
단국대학교 경영대학원 졸업(경영학 석사)
중등학교2급 정교사(상업)
(현) 대명컴퓨터회계학원장
(현) 신성대학교 외래교수

저서

기초를 다지는 회계원리 입문, 멘토르스쿨	ERP정보관리사 회계 2급 나눔A&T
처음부터 시작하는 회계원리, 멘토르스쿨	ERP정보관리사 회계 1급 나눔A&T
전산회계운용사 3급 필기, 멘토르스쿨	ERP정보관리사 인사 2급 나눔A&T
전산회계운용사 3급 실기, 멘토르스쿨	ERP정보관리사 인사 1급 나눔A&T
정리가 잘된 재무회계, 멘토르스쿨	ERP정보관리사 물류 2급 나눔A&T
정리가 잘된 원가회계, 멘토르스쿨	ERP정보관리사 물류 1급 나눔A&T
전산회계운용사 2급 필기, 멘토르스쿨	ERP정보관리사 생산 2급 나눔A&T
전산회계운용사 2급 실기, 멘토르스쿨	ERP정보관리사 생산 1급 나눔A&T

정리가 잘된 **원가회계**

16판 1쇄 발행 2025년 2월 20일

지은이 : 김갑수
펴낸이 : 김경용
펴낸곳 : 멘토르스쿨

표지디자인 : 김희정
편집디자인 : 황성철
일러스트 : 박수영

등록 : 2011. 03. 02 제 321-2011-000042호
주소 : 서울시 관악구 대학동 546 미림여자정보과학고등학교 內 교내기업실
전화 : 02-876-6684
팩스 : 02-876-6683
내용문의 : kykim0432@hanmail.net

ISBN 979-11-89000-68-4 13000

가격 : 16,000원

ⓒ2012 멘토르스쿨
http://www.mtrschool.co.kr

머리말

원가회계를 처음 접하는 분들도 어려움 없이 공부할 수 있기를 바라며 이 책을 집필하였습니다. 구성상의 특징은 다음과 같습니다.

- 이론 정리 다음에 기본문제와 검정문제를 차례로 배치하여, 단계적으로 실력을 향상하며 시험에 대비할 수 있게 하였습니다.

- 각 단원별로 멘토노트를 만들어 꼭! 암기하고 숙지해야 하는 것으로 구성 하였습니다.

- 원가회계실무의 기본지침인 원가계산준칙 조문을 각 단원별로 넣어 효율적이고 논리적으로 이해하도록 하였고 2011년부터 시행되는 일반기업회계기준과 국제회계기준(K-IFRS)를 충실히 반영하였습니다.

- 검정문제는 대한상공회의소와 한국세무사회의 국가기술자격검정과 국가공인검정시험에서 출제빈도가 높은 유형의 문제를 엄선하여 검정시험에 빨리 적응하도록 하였습니다.

이 책이 수험생 여러분께 좋은 지침서가 될 것을 확신하며, 여러분의 앞날에 합격의 영광이 있기를 기원합니다.

최대한 오류가 없도록 노력하였습니다만, 미처 발견하지 못한 오탈자나 오류가 있다면 정오표를 작성하여 www.mtrschool.co.kr에 올려놓겠습니다. 부족한 부분은 수험생 여려분의 격려와 충고를 통해 계속하여 보완해나갈 것을 약속드립니다.

끝으로 본 서적이 나올 수 있도록 많은 협조를 하여주신 관계자 모든 분에게 감사드립니다.

저자 김갑수

Contents

Contents

MEMO

제1장

원가회계의 기초

01 원가회계의 기초개념

1. 회계의 의의와 분류

회계(accounting)는 회계정보이용자가 합리적인 판단이나 의사결정을 할 수 있도록 기업실체에 관한 유용한 경제적 정보를 식별·측정·전달하는 과정이다.

회계보고의 대상인 회계정보이용자에 따라 재무회계와 관리회계로 구분된다.

2. 재무회계와 관리회계

(1) 재무회계(financial accounting) : 기업의 외부정보이용자(투자자, 채권자)에게 경제적 의사결정에 유용한 정보를 제공하는 것을 목적으로 하는 회계이다.

(2) 관리회계(managerial accounting) : 기업의 내부정보이용자(경영자)에게 관리적 의사결정에 유용한 정보를 제공하는 것을 목적으로 하는 회계이다.

구 분	재 무 회 계	관 리 회 계
목 적	기업의 외부이해관계자인 투자자(주주)나 채권자에게 유용한 정보제공	기업의 내부이해관계자인 경영자에게 유용한 정보제공
보 고 수 단	재무제표	특수 목적의 보고서
시 간 적 관 점	과거지향적	미래지향적
속 성	객관성 강조	목적적합성 강조
원 칙 의 유 무	회계원칙의 지배를 받음	일반적인 기준이 없음

(3) 원가회계와 관리회계의 관계 : 관리회계가 수행하는 계획의 수립과 의사결정, 통제와 성과평가를 위해서는 원가회계가 제공하는 제품원가계산정보가 필요하기 때문에 현대의 원가회계는 관리회계와 동의어로 사용하고 있다.

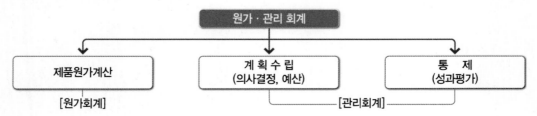

3. 원가회계의 목적

일반적으로 원가회계의 목적은 다음과 같이 세 가지로 설명될 수 있다.

(1) 재무제표작성 목적

손익계산서에는 매출원가계산에 필요한 제품제조원가를 제공하고, 재무상태표에는 기업이 보유하고 있는 재고자산(원재료, 재공품, 제품)의 원가정보를 제공 한다.

(2) 원가 통제 목적

실제로 발생한 원가의 내용과 금액이 원래 계획된 내용이나 금액에서 벗어나지 않도록 관리하고, 이를 벗어나는 경우에는 그 원인을 분석하여 적절한 대응을 하는 활동이다.

(3) 경영 의사 결정 목적

경영자는 가격결정, 예산편성 및 통제 등 다양한 경영의사결정을 내리기 위해 원가정보가 필요하다.

4. 상기업과 제조기업의 비교

제조기업의 회계처리를 다루는 원가회계의 기본원리는 기본적으로 상기업을 중심으로 한 재무회계와 같다. 그러나 원가회계는 제조기업의 제조활동에 관한 내부거래를 기록하여 제품의 제조원가를 계산하고 원가정보를 제공해야 하기 때문에, 재무회계에 비하여 복잡한 계산과 기장절차 및 장부조직이 필요하다.

구분	상 기 업 (재 무 회 계)	제 조 기 업 (원 가 회 계)
(1)	기업 외부와의 거래를 대상으로 회계처리 한다.	기업 내부에서 이루어지는 거래를 대상으로 회계처리 한다.
(2)	한 회계 연도가 6개월 또는 1년이다.	원가계산 기간을 보통 1개월로 하고 있다.
(3)	재무상태표계정과 손익계산서계정으로 기입된다.	재료비, 노무비, 제조경비, 재공품, 제품 등의 계정과목을 추가로 설정하므로 계정의 수가 많다.
(4)	집합계정은 결산 때에 설정되는 손익계정 뿐이다.	집합계정(재공품, 제조간접비)수가 많고, 계정간의 대체 기입이 많다.
(5)	수익을 창출하기 위하여 사용된 모든 순자산의 유출을 비용으로 하여 수익에 대응시킨다.	제조과정에서 발생하는 자산 가치의 소비액을 제조원가로 처리된다.

> ▣ **원가계산준칙 제5조(원가계산기간)**
>
> 원가계산기간은 회사의 회계연도와 일치하여야 한다. 다만, 필요한 경우에는 월별 또는 분기별 등으로 세분하여 원가계산을 실시할 수 있다.

5. 제조기업의 경영활동

상품을 매입하여 매출하는 상기업의 경영활동과 달리 제조기업은 원재료를 매입하고 종업원을 고용하여 제품을 생산하여 판매하는 기업으로 구매과정, 제조과정, 판매과정으로 나뉘고 있다.

(1) 구매과정 : 기업외부로부터 제품의 제조에 필요한 각종요소를 구입하는 과정으로 기업외부와의 거래로 이루어진다.

(2) 제조과정 : 구입한 원재료를 노동력과 생산설비를 투입하여 제품을 제조하는 과정으로 기업내부에서 일어나는 거래이다.

(3) 판매과정 : 기업에서 생산한 제품을 외부에 판매하는 과정으로 기업외부와의 거래이다.

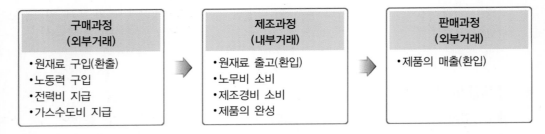

(4) 상기업의 경영활동과 자본의 순환과정

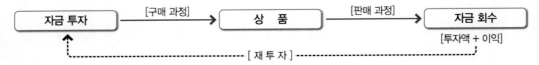

(5) 제조기업의 경영활동과 자본의 순환과정

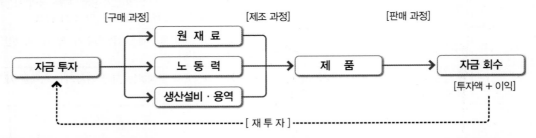

암호노트
- 원가회계의 목적 : 재무제표작성목적, 원가통제목적, 경영의사결정 목적
- 제조기업의 경영활동 : 구매과정(외부거래) ➔ 제조과정(내부거래) ➔ 판매과정(외부거래)

01. 다음 설명 중 옳은 것은 (○) 틀린것은 (×) 하시오.

(1) 재무회계는 기업의 내부정보이용자에게 관리회계는 기업의 외부정보이용자에게 유용한 회계정보를 제공한다. ··· ( )

(2) 원가회계의 목적은 재무제표작성목적, 원가통제목적, 경영의사결정목적이 있다.
·· ( )

(3) 재무회계보다 원가회계는 계정과목, 집합계정, 계정간의 대체기입 등이 많다.
·· ( )

(4) 원가계산기간은 회사의 회계연도와 일치하여야 한다. 다만, 필요한 경우에는 월별 또는 분기별 등으로 세분하여 원가계산을 실시할 수 있다. ························· ( )

(5) 제조기업은 구매과정 · 판매과정으로 상기업은 구매과정 · 제조과정 · 판매과정으로 경영활동을 한다. ··· ( )

02. 다음의 거래를 구매과정, 제조과정, 판매과정으로 구분하고, 외부거래와 내부거래도 구분하시오.

(1) 제품제조를 위한 재료 ₩600,000을 외상으로 매입하다. ············ [   ]( )

(2) 외상으로 매입한 재료 중 불량품 ₩30,000을 반품하다. ············ [   ]( )

(3) 임금 ₩500,000을 현금으로 지급하다. ································· [   ]( )

(4) 이달분 전기요금 ₩300,000을 보통예금에서 지급하다. ·············· [   ]( )

(5) 제품생산을 위해 재료 ₩570,000을 공장에 출고하다. ··············· [   ]( )

(6) 공장에 출고되었던 재료 중 ₩50,000이 창고로 반품되어오다. ···· [   ]( )

(7) 제품생산을 위해 소비된 임금 ₩580,000이다. ······················· [   ]( )

(8) 제품생산을 위해 소비된 전기요금은 ₩250,000이다. ················ [   ]( )

(9) 당월에 완성된 제품 ₩1,350,000을 창고에 입고하다. ··············· [   ]( )

(10) 제품 ₩1,300,000을 현금매출하다. ····································· [   ]( )

(11) 매출한 제품 중 ₩130,000이 반품되어 오다. ·························· [   ]( )

01. 다음 중에서 원가회계 목적과 관련이 가장 적은 것은?

① 재무제표의 작성에 유용한 원가정보를 제공한다.
② 원가통제에 대한 유용한 원가정보를 제공한다.
③ 경영자에게 경영의사결정에 유용한 원가정보를 제공한다.
④ 투자자에게 합리적인 의사결정에 관한 정보제공을 목적으로 한다.

02. 다음 중 원가회계의 목적으로 가장 거리가 먼 것은?

① 장부관리에 관한 정보제공
② 원가통제에 관한 정보제공
③ 재무제표작성에 필요한 정보제공
④ 경영의사결정에 필요한 정보제공

03. 다음 중 원가회계의 목적이 <u>아닌</u> 것은?

① 성과의 측정과 평가를 위한 정보의 제공
② 원가의 관리와 통제의 목적
③ 기업회계의 장부기장의 목적
④ 제품제조원가의 계산

04. 다음 중 관리회계의 주요 목적이 <u>아닌</u> 것은?

① 내부 의사결정
② 예산의 수립과 집행
③ 기업 내 여러 부문의 평가
④ 원가정보를 기업 외부의 회계정보 이용자에게 공시

05. 원가회계는 다음 중 누구의 정보수요를 충족시키는 것이 주된 목적인가?

① 주주
② 규제기관
③ 외부이용자
④ 내부이용자

06. 다음 중 원가 회계의 특징은?

① 회계 기간은 보통 1년 또는 6개월이다.
② 수익 창출을 위하여 소비되는 경제 가치는 비용으로 계상된다.
③ 원가 계산과 관련된 집합 계정이 많이 설정된다.
④ 결산 이외에는 대체 기입이 거의 없다.

07. 다음 중 원가회계를 설명한 것으로 가장 옳은 것은?

① 상기업과 제조기업에서 일어나는 모든 거래를 회계처리하는것
② 제품 또는 용역을 생산하기 위하여 소비된 원가를 기록, 계산, 집계하여 원가에 대한 정보를 제공하는것
③ 재료와 제 경비를 투자하여 생산된 제품을 판매하는 과정을 회계처리하는것
④ 판매한 상품의 매출총이익을 계산하는 과정

08. 다음 중 원가회계의 특징을 설명한 것으로 옳지 않은 것은?

① 원가계산기간은 회사의 회계연도와 일치하여야 한다. 다만 필요한 경우 원가계산기간을 1개월로 실시할 수 있다.
② 원가회계는 제조기업의 제품제조원가를 계산한다.
③ 제조기업은 구매과정·판매과정으로 경영활동이 이루어진다.
④ 원가회계는 내부정보이용에게 유용한 회계정보를 제공한다.

02 원가의 개념과 분류

1. 원가의 뜻

원가(costs)란, 재화나 용역을 생산하는 과정에서 소비되는 모든 경제적 가치를 말한다. 즉, 원가는 제조기업이 재화나 용역을 생산하는 데 사용한 모든 원재료, 노동력, 기계나 건물 등의 생산설비 및 용역 등의 소비액을 말한다.

2. 원가의 특징

(1) 원가는 급부창출 과정에서 발생하는 경제적 가치의 소비액이다.

원가는 반드시 화폐가치로 표시 가능한 경제적 가치를 지닌 재화나 용역의 소비를 말한다. 즉, 경제적 가치가 없는 재화나 용역의 소비(예: 공기, 바람, 물)는 원가가 될 수 없다.

(2) 원가는 정상적인 경영활동을 전제로 한다.

원가는 정상적(계속적, 반복적) 경영활동과정에서 발생한 가치의 소비를 말하며, 비정상적 내지 우발적(돌발적 기계고장, 파업, 천재지변, 전쟁)으로 발생한 가치의 감소내지 과소 과다 소비는 원가에 포함시키지 않는다.

(3) 원가는 제품생산과 관련하여 발생한다.

제품의 생산에 소비된 재화나 용역의 가치만이 원가로 인식한다. 판매활동에서 발생하는 광고비, 판매원급여와 재무활동에 소요된 이자비용은 제품의 생산에 직접 관련된 것이 아니기 때문에 원가에 포함되지 않는다.

3. 원가와 비용과의 관계

(1) 공통점 : 원가와 비용은 다 같이 기업의 경영활동을 위하여 소비되는 경제적가치 이다.

(2) 차이점 ① 원가(costs) : 재화나 용역의 생산을 위하여 소비되는 경제적가치

　　　　　② 비용(expense) : 일정기간 수익을 얻기 위하여 소비되는 경제적가치

손익계산서상의 비용 ◀	중성비용	목적비용	
		기초원가	부가원가 ▶ 원가계산상의 원가

중성비용은 비용이나 원가가 아닌 것, 목적비용은 비용인 동시 원가인 것, 기초원가는 원가이면서 비용인 것, 부가원가는 원가이나 비용이 아닌 것이다.

4. 원가의 분류

제품의 원가를 구성하는 요소를 원가 요소라 한다. 원가요소는 분류기준에 따라 다양하게 분류할 수 있다.

구분	분 류 기 준	종 류
(1)	발생형태	재료비, 노무비, 제조경비
(2)	추적가능성	직접비, 간접비
(3)	제조활동 관련성	제조원가, 비제조원가
(4)	자산관련성	미소멸원가, 소멸원가
(5)	원가형태(조업도)	고정비, 변동비, 준변동비, 준고정비
(6)	통제가능성	통제가능원가, 통제불능원가
(7)	의사결정관련성	관련원가, 매몰원가, 기회원가

(1) 발생형태에 따른 원가의 분류

원가는 그 발생형태에 따라 재료비, 노무비, 제조경비(또는 직접재료비, 직접노무비, 제조간접비)의 세 가지로 분류한다. 이는 원가의 분류 중 가장 기본적인 것으로서 원가의 3요소라고 한다.

① 재 료 비 : 제품을 제조하는 데 사용된 재료의 가액

② 노 무 비 : 제품을 제조하는 데 투입된 인간의 노동력에 대한 대가

③ 제조경비 : 재료비와 노무비를 제외한 모든 제조 원가 요소

■ ~원가와 ~비

이론적으로 제조원가에 속하는 모든 원가는 "원가"라는 용어를 사용하고, 이들 제품이 팔려나가 수익에 대응되는 경우에만 "비용"이라는 용어를 사용해야 하지만 관습적으로 실무에서 오랫동안 ~원가 대신, ~비라는 용어를 사용해 왔다. 그래서 현재 재료원가 = 재료비, 노무원가 = 노무비 등으로 혼용하여 사용되고 있다.

■ 원가계산준칙 제7조(제조원가요소의 분류)

① 제조원가요소는 재료비, 노무비 및 제조경비로 분류하거나, 회사가 채택하고 있는 원가계산방법에 따라 직접재료비, 직접노무비 및 제조간접비 등으로 분류할 수 있다.
② 제조원가요소와 판매비와 관리비요소는 구분하여 집계한다. 다만, 그 구분이 명확하지 아니한 경우에는 발생원가를 비목별로 집계한 후, 일정한 기준에 따라 제조원가와 판매비와 관리비로 구분하여 배부할 수 있다.
③ 시간 또는 수량에 비례하여 발행하는 경비는 실제시간 또는 실제수량에 단가를 곱하여 계산한다.

(2) 추적가능성(제품과의 관련성)에 따른 원가의 분류

① 직접비(직접원가) : 특정제품 제조를 위해 소비된 원가(추적가능원가)

직접재료비 + 직접노무비 + 직접제조경비 = 제조직접비(기본원가)

② 간접비(간접원가) : 여러제품 제조를 위해 소비된 원가(추적불가능원가)

간접재료비 + 간접노무비 + 간접제조경비 = 제조간접비

재 료 비	직 접 재 료 비	주요재료비, 부품비
	간 접 재 료 비	보조재료비, 소모공구기구비품비
노 무 비	직 접 노 무 비	직접공임금
	간 접 노 무 비	공장장 또는 감독자의 급료
제 조 경 비	직 접 제 조 경 비	외주가공비, 특허권사용료, 설계비
	간 접 제 조 경 비	감가상각비, 전력비, 수선비

기본원가 (기초원가, 직접원가)	직접재료비	
	직접노무비	가공비 (전환원가)
	제조간접비	

(3) 제조활동 관련성에 따른 원가 분류

① 제조원가 : 제품생산을 위해 정상적으로 소비된 경제적가치의 소비액이다.(공장, 제조부)

② 비제조원가 : 제품생산과 직접관련없이 발생한 판매비와관리비(광고선전비, 대손상각비) 또는 비정상적 현상에 의해 발생된 원가(천재지변, 도난, 파업, 기계고장)를 말한다.(본사, 영업부)

제조간접비(제조원가)	판매비와관리비(비제조원가)
기계장치나 공장건물에 대한 감가상각비, 보험료, 수선유지비, 임차료	사무실(본사)건물에 대한 감가상각비, 보험료, 수선유지비, 임차료
생산직관리자의 급여	판매원의 급여
공장사무실의 운영비	판매부서의 운영비
공장의 소모품비	사무용 소모품비
공장의 전력비, 관리비 등	사무실 건물의 전력비, 관리비 등

■ 원가계산준칙 제4조(제조원가의 범위)

① 제조원가는 제품의 생산과 관련하여 소비된 경제적 자원의 가치만을 포함한다.
② 비정상적으로 발생한 경제적 자원의 소비는 제조원가에 포함하지 아니한다.

(4) 자산과의 관련성에 따른 원가의 분류

원가는 미래에 경제적 효익을 제공할 수 있는 용역잠재력을 갖는지 여부에 따라 미소멸원가와 소멸원가로 분류된다. 이는 자산의 정의 중 하나인 미래경제적효익의 제공과 일치하는 것으로 자산과의 관련성에 따른 분류이다.

① 미소멸원가 : 과거의 거래나 사건의 결과로 획득되어 미래에 경제적 효익을 제공할 수 있는, 즉 용역 잠재력이 소멸되지 않은 원가를 미소멸원가라고 하며 재무상태표에 자산으로 표시된다.

② 소멸원가 : 미래에 더 이상 경제적 효익을 제공할 수 없는, 즉 용역잠재력이 소멸된 원가를 소멸원가라고 하며 수익획득의 공헌 여부에 따라 비용 또는 손실로 계상된다.

미소멸원가(자산)	소멸원가(비용)
원 재 료	재 료 비
제 품	매 출 원 가
건물, 기계장치	감 가 상 각 비

(5) 원가형태(조업도)에 따른 분류

조업도가 변화할 때 원가가 어떻게 달라지는가에 따라 원가를 고정비와 변동비로 분류할 수 있다. 여기서 조업도란, 생산 활동의 활발한 정도를 나타내는 지표로서, 생산량이나 직접노동시간, 기계작업시간 등으로 표시된다.

① 고정비(고정원가) : 조업도(생산량)의 증감에 관계없이 일정한 범위의 조업도 내에서는 그 총액이 항상 일정하게 발생하는 원가를 말한다. (공장건물의 임차료, 보험료, 재산세, 감가상각비 등) 즉, 생산량의 증감에 관계없이 그 총액이 일정하게 발생하므로, 생산량이 증가하면 제품의 단위당 고정비는 점차 작아진다.

총고정비(임차료)	200,000원	200,000원	200,000원
조업도(생산량)	10개	20개	40개
단위당고정비(임차료)	20,000원	10,000원	5,000원

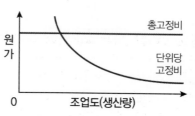

② 변동비(변동원가) : 조업도(생산량)의 증감에 따라 총액이 비례적으로 발생하는 원가를 말한다. (직접재료비, 직접노무비 등) 즉, 생산량이 증가하면 총액도 비례하여 증가하므로, 제품의 단위당변동비는 항상 일정하다.

총변동비(직접재료비)	50,000원	100,000원	200,000원
조업도(생산량)	10개	20개	40개
단위당변동비(직접재료비)	5,000원	5,000원	5,000원

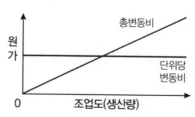

③ **준변동비(혼합원가)** : 변동비와 고정비의 성격을 모두 가지고 있어서 사용량이 영(0)인 경우에도 기본요금이 나오고 사용량이 증가함에 따라 비례적으로 금액이 증가하는 원가형태의 원가를 말한다. (전화요금, 전기요금, 택시요금 등)

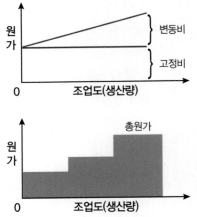

④ **준고정비(계단원가)** : 특정범위의 조업도 수준(관련범위)에서는 일정한 금액이 발생하지만, 관련범위를 벗어나면 원가총액이 일정액 만큼 증가 또는 감소하는 원가를 말한다. (공장 감독자급여 등)

(6) 통제가능성에 따른 분류

① **통제가능원가** : 특정기간에 특정한 경영자가 발생에 영향을 미칠 수 있는 원가로 경영자의 성과를 평가할 때 고려한다.(교육훈련비, 광고선전비)

② **통제불능원가** : 특정한 경영자가 발생을 통제할 수 없는 원가로 경영자의 성과를 평가할 때 배제해야 한다.(임차료, 감가상각비)

(7) 의사결정관련성에 따른 분류

① **관련원가** : 의사결정 대안 간에 차이가 나는 원가로서 의사결정에 필요한 원가를 관련원가라 한다.

② **매몰원가** : 과거의 의사결정으로 인하여 이미 발생한 원가로서 대안간에 차이가 발생하지 않는 원가이다.

③ **기회원가(기회비용)** : 차선의 대안으로부터 얻을 수 있는 순현금유입액이다.

5. 원가의구성도

제품의 원가를 구성하는 원가 요소는 다음과 같은 단계를 거쳐 판매 가격을 구성한다.

① 직접원가   = 직접재료비 + 직접노무비 + 직접제조경비
② 제조간접비 = 간접재료비 + 간접노무비 + 간접제조경비
③ 제조원가   = 직접원가 + 제조간접비
④ 판매원가   = 제조원가 + 판매비와 관리비
⑤ 판매가격   = 판매원가 + 판매이익

			이 익	판매가격
		판매비와관리비	판매원가	
	제조간접비	제조원가		
직접재료비	직접원가			
직접노무비				
직접제조경비				

멘토노트
- 원가의 3요소 : 재료비, 노무비, 제조경비

기본원가 (기초원가, 직접원가)	직접재료비	가공비 (전환원가)
	직접노무비	
	제조간접비	

- 제조원가 : 공장에서 제품제조를 위해 정상적으로 소비된 가치
- 미소멸원가 = 자산
- 고정비 : 임차료, 보험료, 재산세, 감가상각비 [총원가(고정), 단가(변동)]
  변동비 : 직접재료비, 직접노무비[총원가(변동), 단가(고정)]

01. 다음의 제조원가에 관한 자료에 의하여 제조원가표를 완성하고 제조간접비를 구하시오.

기 본 원 가 ₩400,000	가 공 원 가 ₩320,000	직 접 재 료 비 ₩160,000

	[　　　　　] (　　　　)	
[　　　　　] (　　　　)	[　　　　　] (　　　　)	[　　　　　　　　] 320,000
	제조간접비 (　　　　)	

02. 다음의 설명에 알맞은 내용을 보기에서 골라 (　　　)안에 쓰시오.

• 재료비	• 노무비	• 간접원가
• 직접재료비	• 제조간접비	• 직접노무비

(1) 원가의 3요소에는 (　　　　　), (　　　　　　), 제조경비가 해당된다.

(2) 제품의 추적가능성(제품과의 관련성)에 따라 직접원가와 (　　　　　)로 분류한다.

(3) (　　　　　)와 직접노무비를 합한 원가를 기초원가라 하고, 직접노무비와
(　　　　　)을 합한 원가를 가공원가라 한다.

(4) 기초원가인 동시에 가공원가에 해당하는 원가를 (　　　　　)라 한다.

03. 다음 중 원가 항목에는 (○)표, 비원가 항목에는 (×)표를 하여라.

(1) 제품매출채권에 대한 대손상각비 ····· (　　　) 　(2) 판매부서의 운영비 ············· (　　　)

(3) 공장 소모품비 ························· (　　　) 　(4) 기계장치의 감가상각비 ······· (　　　)

(5) 공장설비의 보험료 ··················· (　　　) 　(6) 판매원의 급여 ················· (　　　)

(7) 본사건물의 감가상각비 ············· (　　　) 　(8) 공장장의 접대비 ············· (　　　)

(9) 재료비 ······························ (　　　) 　(10) 공장의 전력비 ················ (　　　)

(11) 영업부직원의 급여 ················· (　　　) 　(12) 파업기간의 임금 ············· (　　　)

(13) 공장경비원 임금 ··················· (　　　) 　(14) 제품 광고선전비 ·············· (　　　)

(15) 제조부문용 차량운반구 감가상각비 (　　　)

04. 다음의 원가항목을 원가형태(조업도)에 따라 고정비, 변동비, 준변동비(혼합원가), 준고정비(계단원가)로 구분하시오.

ⓐ 직접재료비	ⓑ 직접노무비	ⓒ 전력비
ⓓ 감가상각비	ⓔ 임차료	ⓕ 보험료
ⓖ 재산세	ⓗ 전화요금	ⓘ 공장 감독자 급여

(1) 고정비 ……………………………………… (   )
(2) 변동비 ……………………………………… (   )
(3) 준변동비 …………………………………… (   )
(4) 준고정비 …………………………………… (   )

05. 다음의 설명에 알맞은 내용을 보기에서 골라 (   )안에 쓰시오.

• 고정비	• 변동비	• 관련원가
• 매몰원가	• 제조간접비	• 기회원가

(1) 원가형태(조업도)에 따라 원가를 분류 …………… (   ), (   )
(2) 일정한 관련범위 내에서 조업도와 관계없이 총원가가 일정한 것 ····· (   )
(3) 조업도가 증가할 때마다 원가총액이 비례하여 증가하는 원가 ……… (   )
(4) 의사결정에 영향을 미치는 필요한 원가 ……………………………… (   )
(5) 이미 발생한 원가로 의사결정에 영향을 줄 수 없는 원가 …………… (   )
(6) 차선의 대안으로부터 얻을 수 있는 순현금유입액 ………………… (   )

06. 원가요소의 구성에 관한 등식을 완성하시오.

(1) 직접재료비 + (   ) + 직접제조경비 = 직접원가
(2) 간접재료비 + 간접노무비 + 간접제조경비 = (   )
(3) 직접원가 + 제조간접비 = (   )
(4) 제조원가 + 판매비와관리비 = (   )
(5) 판매원가 + 판매이익 = (   )
(6) (   ) + (   ) = 기초원가
(7) (   ) + (   ) = 가공원가(전환원가)

07. 다음 자료에 의하여 원가의 구성도를 완성하시오.

직 접 재 료 비	₩120,000	직 접 노 무 비	₩80,000
직 접 제 조 경 비	90,000	간 접 재 료 비	60,000
간 접 노 무 비	50,000	간 접 제 조 경 비	40,000
판 매 비	40,000	관 리 비	20,000

• 판매이익은 판매원가의 20%

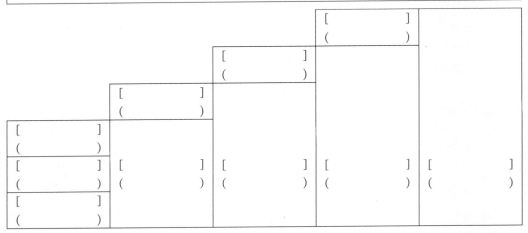

08. 다음 자료에 의하여 원가의 구성도를 완성하시오.

직 접 재 료 비	₩160,000	직 접 노 무 비	₩120,000
판 매 원 가	₩480,000		

• 판매비와 관리비는 제조원가의 20%   • 판매원가에 30% 이익을 가산한다.

[   ]
(   )

[   ]
(   )

[   ]
(   )

[   ]
(   )

[   ]   [   ]   [   ]   [   ]   [   ]
(   )   (   )   (   )   (   )   (   )

직접제조경비
0

01. 다음은 원가의 특성에 대한 설명이다. 잘못된 것은?

① 원가는 급부창출과정에서 발생하는 경제적 가치의 소비이다.
② 원가는 정상적인 경영활동을 전제로 한다.
③ 원가는 제품생산과 관련하여 발생한다.
④ 원가는 그 발생한 기간에 발생한 전부를 비용화 한다.

02. 제조원가의 3요소에 해당하지 않은 것은?

① 재료비   ② 노무비
③ 가공비   ④ 제조경비

03. 특정 원가대상에 대한 원가요소의 추적가능성에 따른 분류는?

① 통제가능원가와 통제불능원가   ② 직접비와 간접비
③ 실제원가와 표준원가   ④ 변동비와 고정비

04. 기본원가(기초원가)에 대한 개념을 가장 잘 설명한 것은?

① 직접재료비와 간접재료비   ② 직접노무비와 간접노무비
③ 직접재료비와 직접노무비   ④ 재료비, 노무비, 제조경비

05. 가공원가(전환원가)에 대한 설명 중 옳은 것은?

① 제조과정에서 발생하는 모든 원가
② 이미 발생하여 의사결정에 영향을 주지 못하는 원가
③ 직접노무비와 제조간접비의 합계
④ 미래에 발생할 것이 예상되는 원가

06. 다음 설명 중 가장 옳지 않은 것은?

① 원가란 재화나 용역을 생산하는 과정에서 소비되는 모든 경제적 가치를 말한다.
② 특정 제품 또는 특정 부분에 직접으로 추적가능한 원가를 직접비라 하고 추적불가능한 원가를 간접비라 한다.
③ 재공품이란 제조과정 중에 있는 미완성제품을 말한다.
④ 가공비란 직접재료비와 직접노무비를 합계한 원가를 말한다.

07. 다음 중 기초원가이면서 가공비에도 해당하는 원가는?

① 직접재료비   ② 직접노무비
③ 간접재료비   ④ 간접노무비

08. 직접노무비는 다음 중 어느 원가에 해당하는가?

	기본원가	가 공 비	제품원가	기간비용
①	예	예	예	아니오
②	예	아니오	예	아니오
③	예	아니오	예	예
④	아니오	예	예	아니오

09. 다음 중 원가항목이 <u>아닌</u> 것은?

① 파업 기간의 임금   ② 재료비
③ 공장 소모품비   ④ 공장 경비원 임금

10. 다음 중 제조원가에 속하지 않는 항목이 포함된 것은?

① 공장 경비원 임금, 공장 감독자에 대한 급여
② 재료비, 기계감가상각비
③ 공장 전기 사용료, 공장 소모품비
④ 광고선전비, 사장에게 지급되는 급여

11. 다음 중 제조원가항목에 해당하는 것은?

① 제품매출채권에 대한 대손상각비
② 판매부서의 운영비, 제품 광고선전비
③ 공장소모품비, 제조용 기계설비의 감가상각비
④ 천재지변(화재, 지진, 태풍)에의한 손실

12. 다음 중 원가에 대한 설명으로 틀린 것을 모두 고르면?

> 가. 혼합원가는 직접원가와 간접원가가 혼합된 형태의 원가이다.
> 나. 변동원가는 조업도가 증가할 때 총원가가 증가한다.
> 다. 기본원가는 직접재료비와 직접노무비를 말한다.
> 라. 전환원가는 직접노무비와 간접노무비를 말한다.

① 가와 다   ② 나와 다
③ 가와 라   ④ 나와 라

13. 다음 원가자료를 이용하여 가공원가를 계산하면?

직 접 재 료 비	150,000원	간 접 재 료 비	2,000원
직 접 노 무 비	160,000원	간 접 노 무 비	3,000원
간 접 제 조 경 비	4,000원		

① 160,000원   ② 164,000원
③ 167,000원   ④ 169,000원

14. 기본원가(Prime Costs)는 ₩100,000, 가공원가(conversion costs)는 ₩80,000이다. 직접재료비가 ₩40,000이라면, 제조간접비는 얼마인가? 단, 직접제조경비 발생액은 없다.

① ₩60,000   ② ₩40,000
③ ₩30,000   ④ ₩20,000

15. 다음은 3월 한달 동안 발생한 (주)상공공업 원가자료이다. 기본원가(기초원가)와 가공원가는 각각 얼마인가?

• 제품생산량	800단위	• 단위당 직접재료비	₩28
• 단위당 직접노무비	₩14	• 단위당 변동제조간접원가	₩12
• 고정제조간접원가	₩26,000		

	기본원가(기초원가)	가공원가
①	₩33,600	₩46,800
②	₩22,400	₩33,200
③	₩33,600	₩33,200
④	₩22,400	₩46,000

16. 제조활동과의 관련성에 따른 원가의 분류로 틀린 것은?

① 판매비와 관리비는 비제조원가이다.
② 제품의 생산과 관련된 원가는 제조원가라 한다.
③ 직접재료비와 직접노무비를 제외한 제조원가는 제조간접비이다.
④ 제조간접비는 간접노무비와 기타 제조원가로 구성된다.

17. 다음 중 제조원가의 특징이 아닌 것은?

① 제조활동을 위한 원가이다.
② 운반비도 제조원가에 포함 될 수 있다.
③ 매출원가로 비용처리 된다.
④ 제조원가는 간접원가는 없고 직접원가만 발생한다.

18. 미래에 경제적 효익을 창출할 것으로 기대되는 자원을 자산이라고 한다. 재무상태표상에 자산으로 계상되는 원가를 무엇이라고 하는가?

① 관리가능원가
② 현금지출원가
③ 미소멸원가
④ 기초원가

19. 다음의 미소멸원가를 설명한 것 중 옳지 않은 것은?

① 제품은 미소멸원가이다.
② 재공품은 미소멸원가이다.
③ 매출원가는 미소멸원가이다.
④ 재료는 미소멸원가이다.

20. 다음은 소멸원가와 미소멸원가를 설명한 것이다. 맞지 않는 것은?

① 자산과의 관련성에 따른 원가분류이다.
② 감가상각비는 소멸원가에 속한다.
③ 매출원가는 미소멸원가에 속한다.
④ 자산의 장부가치(취득원가-감가상각누계액)는 미소멸원가이다.

21. (주)대한은 당기에 원가 ₩20,000을 투입하여 100개의 제품을 완성하였다.(기초제품은 없음) 100개의 제품 중 70개를 1개당 ₩300에 판매하였다면, 이 경우 소멸원가는 얼마인가?

① ₩6,000
② ₩9,000
③ ₩14,000
④ ₩21,000

22. 다음 중 원가형태(조업도)에 따라 원가를 분류한 것으로 옳은 것은?
　① 소멸원가와 미소멸원가　　　　　② 고정원가, 변동원가
　③ 직접원가, 간접원가　　　　　　　④ 관리가능원가, 관리불가능원가

23. 다음 중 조업도의 증감에 관계없이 일정한 범위의 조업도내에서 그 총액이 항상 일정하게 발생하는
　　원가는 무엇인가?
　① 성과급제로 받은 직접노무비　　　② 공장 월임차료
　③ 기본요금을 초과하여 사용한 전력비　④ 재료비

24. 원가를 조업도에 따라 분류할 때 조업도의 변동에 관계없이 일정하게 발생하는 감가상각비, 임차료,
　　보험료 등은 다음 중 어느 원가에 해당하는가?
　① 고정비　　　　　　　　　　　　② 변동비
　③ 혼합원가(준변동비)　　　　　　　④ 준고정비(계단원가)

25. 장난감 제조회사의 판매 부서에서 사용하고 있는 컴퓨터에 대한 감가상각비의 분류 방법으로 타당한
　　것은?
　① 고정비이며 제품 원가
　② 고정비이며 기간 비용
　③ 컴퓨터를 교환할 때를 대비하여 자금을 모아두는 자산 계정
　④ 컴퓨터를 교환할 때 이루어 질 자금 지출을 대비한 부채 계정

26. 다음 중 변동비에 해당하지 않는 것은?
　① 직접재료비　　　　　　　　　　② 직접노무비
　③ 동력비 및 소모품비　　　　　　　④ 정액법을 이용한 기계의 감가상각비

27. 조업도 또는 생산량의 증가·감소에 따라서 원가총액이 비례적으로 변동되는 원가가 아닌 것은?
　① 직접재료비　　　　　　　　　　② 직접노무비
　③ 공장건물의 임차료　　　　　　　④ 공장 전력비

28. (주)재량의 20×1년 책 생산량 5,000권(최대생산가능량: 10,000권)에 대한 원가 일부자료는 아래와 같다.

가. 공장 임차료 20,000,000원	나. 운송차량 자동차세 600,000원
다. 공장화재보험료 1,000,000원	라. 책 표지 특수용지 10,000,000원

20×2년 책 생산량은 8,000권으로 예상되는데 20×2년에도 동일하게 발생할 것으로 예상되는 것을 모두 고르시오.

① 가   ② 가, 나, 라

③ 가, 나, 다   ④ 가, 나, 다, 라

29. 원가회계상의 변동비에 대한 설명이다. 가장 옳지 않은 것은?

① 직접재료비와 직접노무비는 변동비이다.

② 생산량이 증가하면 원가총액이 비례적으로 증가한다.

③ 생산량이 증가하면 단위당 원가는 감소한다.

④ 제조간접비에도 변동비가 포함될 수 있다.

30. 다음에서 설명하고 있는 원가형태는 무엇인가?

전력비의 원가형태는 사용량과 무관하게 납부하는 기본요금과 조업도(사용량)가 증가함에 따라 납부해야 할 금액이 비례적으로 증가하는 추가요금으로 구성되어 있다.

① 변동비(변동원가)   ② 고정비(고정원가)

③ 준변동비(준변동원가)   ④ 준고정비(준고정원가)

31. 원가행태에 따른 분류 중에서 일정한 범위의 조업도내에서는 총원가가 일정하지만 조업도 구간이 달라지면 총액(총원가)이 달라지는 원가를 무엇이라 하는가?

① 변동비   ② 고정비

③ 준변동비   ④ 준고정비

32. 원가의 관련 범위내에서 단위당 변동비의 행태를 바르게 설명한 것은?

① 각 생산량 수준에서 일정하다.

② 생산량이 증가할수록 증가한다.

③ 생산량이 증가할수록 감소한다.

④ 생산량과 관련성이 없다.

33. 조업도의 감소에 따른 고정비 및 변동비와 관련한 원가행태를 틀리게 나타낸 것은?

① 총고정비는 일정하다.   ② 단위당 고정비는 감소한다.

③ 총변동비는 감소한다.   ④ 단위당 변동비는 일정하다.

34. 생산량이 증가함에 따라 고정비의 단위당 원가는 어떻게 변화하는가?

① 일정하다.   ② 증가한다.

③ 감소한다.   ④ 알 수 없다.

35. 다음 중 고정비와 변동비에 대한 설명 중 옳지 않은 것은?

① 일반적으로 고정비는 조업도와 제품의 단위당 원가가 반비례한다.

② 공장건물의 지급임차료는 고정비의 대표적인 사례이다.

③ 변동비는 조업도의 증감에 관계없이 원가총액이 일정하게 나타나는 특징이 있다.

④ 일반적으로 변동비는 조업도와 제품의 단위당 원가가 일정하게 나타난다.

36. 원가와 관련된 다음의 설명 중 잘못된 것은?

① 혼합원가는 변동비와 고정비가 혼합된 형태를 보이는 원가이다.

② 직접재료비, 직접노무비, 변동제조간접비는 변동비에 속한다.

③ 변동비는 조업도가 증가함에 따라 단위당 원가가 증가하는 원가이다.

④ 고정비는 관련범위내에서 조업도와 관계없이 총원가가 일정한 원가이다.

37. 일반적으로 관련범위 내에서 조업도가 증가하는 경우 변동원가와 고정원가의 행태에 대한 설명으로 가장 틀린 것은?

① 총변동원가는 증가한다.   ② 총고정원가는 증가한다.

③ 단위당 변동원가는 일정하다.   ④ 단위당 고정원가는 변동한다.

38. 다음 중 조업도가 증가함에 따라 변동원가와 고정원가의 형태를 바르게 나타낸 항목은?

	총원가	단위당원가
① 변동원가	증가	불변
② 변동원가	불변	감소
③ 고정원가	불변	불변
④ 고정원가	감소	불변

39. 다음 중 변동비와 고정비에 대한 설명으로 잘못된 것은?

① 생산량이 증가함에 따라 총원가가 증가하는 원가를 변동비라고 한다.

② 생산량의 증감과는 관계없이 총원가가 일정한 원가를 고정비라고 한다.

③ 생산량의 증감과는 관계없이 제품의 단위당 고정비는 일정하다.

④ 생산량의 증감과는 관계없이 제품의 단위당 변동비는 일정하다.

40. 일반적으로 제조원가(Y)와 제품 생산량(X)의 관계는 다음과 같이 나타낼 수 있다. 다음 중 a와 b에 속하는 것 중 옳지 않은 것은?

Y = aX + b	X : 제품의 생산량	Y : 제조원가

a	b
① 공장건물 임차료	공장건물 감가상각비
② 직접재료비	기계 감가상각비
③ 변동제조간접비	재산세
④ 직접공의 임금	보험료

41. 혼합원가 또는 준변동원가에 대한 설명으로 틀린 것은?

① 직접원가와 간접원가가 혼합된 형태의 원가이다.

② 조업도가 증가할 때 혼합원가의 총원가는 증가한다.

③ 조업도가 증가할 때 혼합원가의 단위당 원가는 감소한다.

④ 전기요금은 일반적으로 기본요금과 사용량에 따른 요금으로 구성되므로 혼합원가에 속한다.

42. 과자를 만들 때 과자 10개당 포장지 한 개가 소요된다고 한다면 포장지 재료비의 원가행태를 그래프로 가장 적절하게 표현한 것은? (X : 과자생산량, Y : 포장지 재료원가)

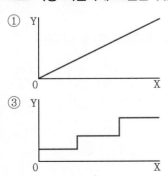

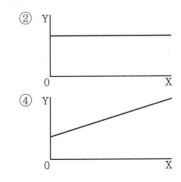

43. 원가에 대한 다음의 설명 중 틀린 것은?

① 직접재료비, 직접노무비는 기초원가에 해당한다.
② 제품생산량이 증가함에 따라 단위당 고정비는 감소한다.
③ 변동비총액은 조업도에 비례하여 증가하게 된다.
④ 매몰원가는 현재의 의사결정에 반드시 고려되어야 한다.

44. 의사결정과 관련된 설명이다. 틀린 것은?

① 관련원가는 특정의사결정과 직접적으로 관련이 있는 원가로서 고려중인 대안들 간의 차이가 있는 미래원가이다.
② 비관련원가는 특정의사결정과 관련이 없는 원가이다.
③ 매몰원가는 과거 의사결정의 결과로 이미 발생된 원가이다.
④ 기회비용은 특정대안을 채택할 때 포기해야 하는 대안이 여러 개일 경우 이들 대안들의 효익 중 가장 작은 것이다.

45. 다음 설명 중 옳지 않은 것은?

① 기발생원가(매몰원가)는 의사결정시점 이전에 이미 발생된 원가로서 비관련원가이다.
② 기회비용은 차선의 대안으로부터 얻을 수 있는 순현금유입액이다.
③ 모든 현금지출액은 관련원가이다.
④ 변동비는 조업도의 증감에 따라 총액이 비례적으로 발생하는 원가를 말한다.

46. 원가에 대한 분류를 설명한 것이다. 다음 보기 중 가장 틀린 것은?

① 특정제품과 직접적으로 추적이 가능한 원가를 직접원가라 한다.
② 조업도가 증가할 때마다 원가총액이 비례하여 증가하는 원가를 변동원가라 한다.
③ 현재의 의사결정에 고려하여야 하는 원가로서 매몰원가를 들 수 있다.
④ 일정한 관련범위 내에서 조업도와 관계없이 총원가가 일정한 것을 고정원가라 한다.

47. 공장에 설치하여 사용하던 기계가 고장이 나서 처분하려고 한다. 취득원가는 1,000,000원이며 고장시점까지의 감가상각누계액은 200,000원이다. 동 기계를 바로 처분하는 경우 500,000원을 받을 수 있으며 100,000원의 수리비를 들여 수리하는 경우 700,000원을 받을 수 있다. 이때 매몰원가는 얼마인가?

① 100,000원   ② 800,000원
③ 700,000원   ④ 500,000원

48. 다음은 원가의 각종 원가의 개념을 설명한 것이다. 옳지 않은 것은?

① 혼합원가는 변동비와 고정비가 동시에 발생하는 원가다.
② 직접원가와 간접원가는 원가형태에 따른 분류이다.
③ 통제가능원가는 경영자의 통제범위에 따라 달라질 수 있다.
④ 제조원가는 재고가능원가이다.

49. 다음 중에서 판매원가(총원가)에 속하지 않는 것은 무엇인가?

① 제조원가   ② 판매원의 급여
③ 포장 및 운반비   ④ 판매이익

50. 다음 원가 요소 중 판매원가(총원가)에 산입하지 않은 항목은?

① 이자비용   ② 여비교통비
③ 대손상각비   ④ 광고선전비

51. 판매원가에 대한 설명으로 옳은 것은?

① 제품생산을 위하여 발생된 모든 원가를 말한다.
② 직접노무비와 제조간접비를 합계한 원가이다.
③ 직접재료비와 직접노무비를 합계한 원가이다.
④ 제조원가와 판매비및관리비를 모두 합계한 원가이다.

52. 다음 자료에 의하여 제조간접비를 계산하면 얼마인가?

• 직접재료비 ₩40,000		• 직접노무비 ₩30,000
• 판매원가 ₩120,000		
• 판매비와 관리비는 제조원가의 20%		

① ₩100,000   ② ₩70,000
③ ₩30,000   ④ ₩24,000

53. 다음은 세무(주)의 당월 원가자료이다. 세무(주)는 당기총제조원가(비용)에 당월 판매비와 관리비를 가산하여 판매원가를 계산하고 있다. 자료에 의하여 판매원가에 포함된 판매비와 관리비를 계산하면 얼마인가?

• 직접재료비	3,000,000원	• 제조간접비	3,000,000원
• 직접노무비	2,000,000원	• 판매원가	11,000,000원

① 1,700,000원   ② 3,000,000원

③ 3,700,000원   ④ 4,700,000원

54. 다음은 서울회사의 1월 중 발생한 원가에 대한 자료이다. 이 자료를 이용하여 1월 중의 직접원가와 총제조원가를 계산하면 얼마인가?

• 직접재료비	₩60,000	• 기계장치 감가상각비	₩30,000
• 직접노무비	₩20,000	• 공장건물 감가상각비	₩15,000
• 공장감독자 급료	₩30,000	• 공장건물 화재보험료	₩ 5,000
• 판 매 비	₩10,000		

① 직접원가 ₩80,000   총제조원가 ₩170,000

② 직접원가 ₩80,000   총제조원가 ₩80,000

③ 직접원가 ₩90,000   총제조원가 ₩80,000

④ 직접원가 ₩80,000   총제조원가 ₩160,000

55. 다음의 자료에서 제조간접비는 얼마인가?

• 직접재료비   ₩300,000
• 직접노무비   ₩200,000
• 제조간접비   ₩(   )
• 제조원가는 직접재료비, 직접노무비, 제조간접비로 구성되어 있다.
• 판매비와 관리비는 제조원가의 20%이다.
• 판매이익은 판매원가의 20%이다.
• 판매가격은 ₩1,152,000이다.

① ₩960,000   ② ₩800,000

③ ₩300,000   ④ ₩460,000

03 원가계산의 단계와 종류

1. 원가계산의 뜻과 절차

원가계산이란, 제품 또는 용역의 생산에 소비된 원가를 집계하는 절차이다. 제품의 원가는 요소별 원가 계산, 부문별 원가 계산, 제품별 원가 계산의 세 단계를 거쳐서 계산된다.

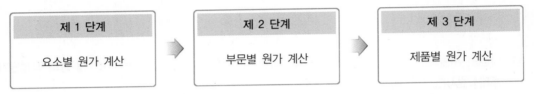

제 1 단계	제 2 단계	제 3 단계
요소별 원가 계산	부문별 원가 계산	제품별 원가 계산

(1) 요소별 원가 계산

제품생산에 사용된 원재료, 노동력, 생산설비 및 용역을 재료비, 노무비, 제조경비로 분류집계하여 이들 원가를 직접비와 간접비로 구분하여 요소별로 집계한다.

(2) 부문별 원가 계산

직접재료비, 직접노무비, 직접제조경비 등의 제조직접비는 해당제품에 직접 부과하여 제품의 원가를 집계할 수 있다. 간접재료비, 간접노무비, 간접제조경비 등의 제조 간접비는 여러 제품의 제조를 위해 공통적으로 발생한 것이기 때문에 발생한 장소(부문)별로 집계하여 일정한 기준에 따라 제품에 배부하는 과정이다.

(3) 제품별 원가 계산

요소별 원가계산에서 집계한 제조직접비를 해당 제품에 직접 부과하는 동시에, 부문별 원가계산에서 제조간접비를 일정한 기준에 따라 각 제품별로 배부하고, 마지막으로 이 두 가지 원가를 합계함으로써 각 제품의 원가를 계산하는 것이다.

> ▣ **원가계산준칙 제8조(실제원가계산의 절차)**
>
> 실제원가계산은 원가요소의 실제발생액을 비목별 계산을 거쳐 원가부문별로 계산한 후 제품별로 제조원가를 집계한다.

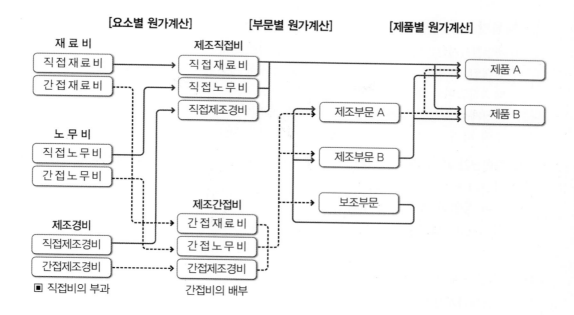

[요소별 원가계산]   **[부문별 원가계산]**   **[제품별 원가계산]**

■ 직접비의 부과   간접비의 배부

2. 원가계산의 종류

원가계산 방법은 관점에 따라 다음과 같이 분류할 수 있다.

구분	분 류 기 준	종 류
(1)	원가계산 시점	예정원가계산, 실제원가계산
(2)	기업의 생산형태	개별원가계산, 종합원가계산
(3)	제품원가계산범위에 따른 분류	변동원가계산, 전부원가계산

(1) 원가계산 시점에 따른 분류

　① **예정원가계산** : 제품을 제조하기 전에 소비될 원가를 추정하여 제품의 원가를 계산하는방법
　　으로 추산원가계산과 표준원가계산으로 나뉜다.

　　㉠ 추산원가계산 : 과거에 실제로 발생한 원가를 기초로 미래에 발생할 사항들을 적절히
　　　반영하여 제품의 원가를 계산하는 방법이다.

　　㉡ 표준원가계산 : 사전에 설정된 표준가격 및 표준사용량을 이용하여 제품원가계산을
　　　하는 방법이다.

　② **실제원가계산(사후원가계산)** : 제품의 제조가 끝난 뒤에 실제로 발생한 원가를 이용하여
　　제품의 원가를 계산하는 방법으로 외부 보고용 재무제표 작성시 주로 이용된다.

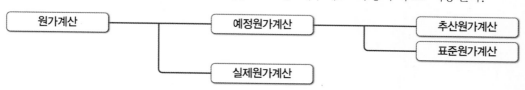

(2) 기업의 생산형태에 따른 분류

① **개별원가계산** : 성능, 규격 등이 서로 다른 여러 종류의 제품을 주로 주문에 의해 생산하는 건설업, 토목업, 조선업, 항공기제조업 등에서 사용한다. 원가를 특정제품에 추적가능한 제조직접비와 추적이 불가능한 제조간접비로 나누어 원가계산을 한다. 즉, 제조직접비는 특정제품에 직접 부과하고, 제조간접비는 일정기간의 총액을 집계한 다음에 적절한 배부기준에 따라 각 제품에 배부하여 제품의 원가를 계산한다.

② **종합원가계산** : 일정한 원가계산기간(통상 1개월) 동안 제조활동에서 발생한 총원가를 같은 기간의 완성품 수량으로 나누어 제품의 단위당 원가를 계산하는 방법이다. 성능, 규격 등이 동일한 특정 종류의 제품을 연속적으로 대량 생산하는 제지업, 제당업, 화학공업, 식료품가공업, 제분업, 양조업, 정유업 등에서 사용한다.

(3) 제품원가계산범위에 따른 분류

① **변동원가계산** : 제조간접비 중 고정제조간접비는 제품원가에 포함시키지 않고 기간비용으로 처리하는 것으로 외부보고용으로 사용되지 않고 경영자의 내부의사결정용이나 성과평가용으로 사용하고 있다.

② **전부원가계산** : 통상적으로 계산하고 있는 원가계산방법으로 직접재료비, 직접노무비, 변동제조간접비, 고정제조간접비 모두를 제품원가계산에 포함시키는 것을 말한다.

◼ **원가계산준칙 제6조(원가계산의 일반원칙)**

제조원가의 계산은 다음 각호에 따른다.

1. 제조원가는 일정한 제품의 생산량과 관련시켜 집계하고 계산한다.
2. 제조원가는 신뢰할 수 있는 객관적인 자료와 증거에 의하여 계산한다.
3. 제조원가는 제품의 생산과 관련하여 발생한 원가에 의하여 계산한다.
4. 제조원가는 그 발생의 경제적 효익 또는 인과관계에 비례하여 관련제품 또는 원가부문에 직접부과하고, 직접부과가 곤란한 경우에는 합리적인 배부기준을 설정하여 배부한다.

01. 다음 제조기업의 원가계산 절차를 완성하시오.

제 1 단계		제 2 단계		제 3 단계
[(1)] 원가 계산	⇒	[(2)] 원가 계산	⇒	[(3)] 원가 계산

02. 다음의 업종 중 개별원가계산은 (개), 종합원가계산은 (종)으로 구분 하시오.

(1) 소형차 ················· (　　)   (2) 양조업 ·················· (　　)

(3) 특별주문 드레스 ········· (　　)   (4) 조선업 ·················· (　　)

(5) 제분업 ················· (　　)   (6) 제지업 ·················· (　　)

(7) 제당업 ················· (　　)   (8) 토목업 ·················· (　　)

(9) 화학공업 ··············· (　　)   (10) 건설업 ················· (　　)

(11) 비행기 ················ (　　)   (12) 식료품가공업 ··········· (　　)

03. 다음의 설명에 알맞은 내용을 보기에서 골라 (　　)안에 표기하시오.

ⓐ 종합원가계산	ⓑ 표준원가계산	ⓒ 실제원가계산
ⓓ 전부원가계산	ⓔ 개별원가계산	ⓕ 변동원가계산

(1) 다품종소량주문생산 하는 업종에서 주로 사용되는 원가계산 방법 ······ (　　　　)

(2) 동종제품을 대량생산하는 제조환경에서 사용하는 생산형태에 따른 원가계산방법
··· (　　　　)

(3) 변동비 뿐만 아니라 고정비까지도 포함하여 원가계산을 하는 방법 ··· (　　　　)

(4) 직접재료비, 직접노무비, 변동제조간접비만을 집계하여 제품원가를 계산하고,
고정제조간접비는 기간비용으로 처리하는 원가계산방법 ·············· (　　　　)

(5) 사전에 설정된 표준가격, 표준사용량을 이용하여 제품원가를 계산하는 방법
··· (　　　　)

(6) 사후원가계산이며 주로 외부 보고용 재무제표 작성시 이용되는 원가회계방법
··· (　　　　)

01. 다음 중 제조기업의 원가계산의 흐름으로 맞는 것은?

① 요소별원가계산 → 부문별원가계산 → 제품별원가계산

② 부문별원가계산 → 제품별원가계산 → 요소별원가계산

③ 제품별원가계산 → 요소별원가계산 → 부문별원가계산

④ 부문별원가계산 → 요소별원가계산 → 제품별원가계산

02. 다음 중 종합원가계산방식이 가장 적절한 것은 무엇인가?

① 소형차

② 비행기

③ 특별주문 드레스

④ 선박

03. 다음 중 종합 원가계산 제도를 적용하기에 적합한 업종끼리 나열된 것은?

① 제분업, 건설업, 토목업, 제당업

② 제지업, 제분업, 화학공업, 조선업

③ 제분업, 제지업, 제당업, 식료 가공업

④ 건설업, 화학공업, 양조업, 조선업

04. 단일 또는 복수의 표준화된 제품을 연속적으로 그리고 대량으로 생산하는 기업에 적용되는 원가계산 방법은 무엇인가?

① 개별원가계산

② 종합원가계산

③ 표준원가계산

④ 직접원가계산

05. 석유화학산업, 제지업, 시멘트제조업, 식품가공업 등과 같이 표준화된 작업공정을 통해 주로 동종제품을 대량생산하는 제조환경에서 사용하는 생산형태에 따른 원가계산방법은?

① 개별원가계산

② 표준원가계산

③ 종합원가계산

④ 실제원가계산

06. 다음 중 외부 보고용 재무제표를 작성하기 위하여 이루어지는 원가 계산은?

① 실제 원가계산
② 표준 원가계산
③ 추산 원가계산
④ 변동 원가계산

07. 다음 중 제품의 제조가 끝난 뒤에 실제로 발생한 원가를 이용하여 제품의 원가를 계산하는 방법을 무엇이라고 하는가?

① 표준 원가계산
② 실제 원가계산
③ 추산 원가계산
④ 예정 원가계산

08. 다음 중 원가회계에 대한 설명으로 틀린 것은?

① 표준원가회계는 사전에 설정된 표준가격, 표준사용량을 이용하여 제품원가를 계산하는 방법으로서 주로 대외적인 보고목적으로 사용되는 원가회계방법이다.
② 전부원가회계에서는 변동비 뿐만 아니라 고정비까지도 포함하여 원가계산을 하는 방법이다.
③ 개별원가회계는 건설업, 조선업 등 다품종소량생산 업종에서 주로 사용되는 원가계산 방법이다.
④ 예정원가회계는 과거의 실제원가를 토대로 예측된 미래원가에 의하여 원가계산을 하므로 사전원가회계라고 할 수 있다.

MEMO

제2장

원가의 흐름

01. 제조원가의 흐름과 기장

01 제조원가의 흐름과 기장

1. 재료비 계정

구매과정을 통하여 구입된 것을 재료라 하고, 이를 제품의 제조과정에서 소비된 가치를 재료비라 한다. 재료비는 특정 제품 제조를 위해 투입되어 추적 가능한 소비액을 직접재료비라 하여 재공품계정에 대체하고, 여러 제품제조를 위해 공통으로 투입되어 추적할 수 없는 간접재료비를 제조간접비계정에 대체한다.

(1) 재료비계정을 설정하는 경우

구 분	차 변		대 변	
① 재료 구입시	재 료	×××	외 상 매 입 금	×××
② 재료 출고시	재 료 비	×××	재 료	×××
③ 재료비 소비시	재 공 품	×××	재 료 비	×××
	제 조 간 접 비	×××		

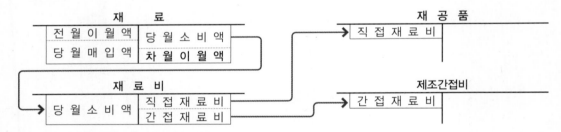

(2) 재료비계정을 설정하지 않는 경우

구 분	차 변		대 변	
① 재료 구입시	재 료	×××	외 상 매 입 금	×××
② 재료 소비시	재 공 품	×××	재 료	×××
	제 조 간 접 비	×××		

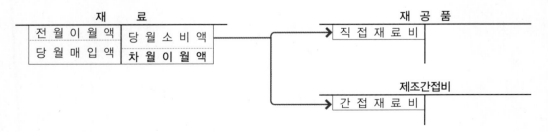

2. 노무비 계정

임직원에 대한 근로의 대가를 지급하여 구매한 것을 급여(임금)라 하고, 이를 제품제조를 위해 소비한 것은 노무비라 한다. 노무비 발생액 중 특정제품 제조를 위해 소비하여 추적가능한 직접노무비는 재공품 계정에, 여러 제품 제조를 위해 소비하여 추적이 불가능한 간접노무비는 제조간접비 계정에 대체한다.

(1) 노무비계정을 설정하는 경우

구 분	차 변		대 변	
① 급여(임금) 지급시	급 여 (임 금)	×××	현 금	×××
② 노무비 발생시	노 무 비	×××	급 여 (임 금)	×××
③ 노무비를 소비할 때	재 공 품	×××	노 무 비	×××
	제 조 간 접 비	×××		

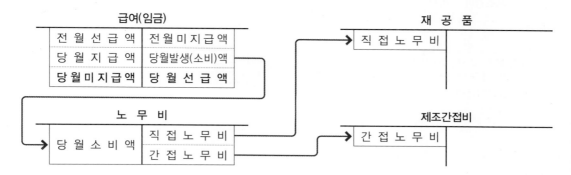

(2) 노무비계정을 설정하지 않는 경우

구 분	차 변		대 변	
① 급여(임금) 지급시	급 여 (임 금)	×××	현 금	×××
② 급여(임금)를 소비시	재 공 품	×××	급 여 (임 금)	×××
	제 조 간 접 비	×××		

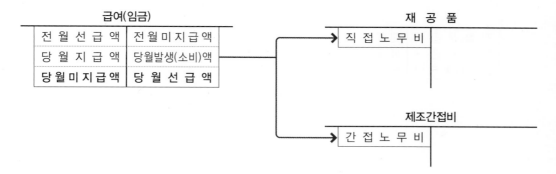

3. 제조경비 계정

제조경비란 재료비와 노무비 원가 외에 모든 제조원가로 그 내용에 따라 감가상각비·보험료·임차료·전력비·가스수도비 등과 같은 형태로 발생하는 원가로 제조와 관련된 당해 원가의 발생액을 제조경비계정으로 본사의 영업활동과 관련된 판매비와 관리비는 월말에 월차손익계정에 대체한다. 제조경비 중 직접제조경비는 재공품 계정에, 간접제조경비는 제조간접비 계정에 대체한다.

(1) 제조경비계정을 설정하는 경우

구 분	차 변		대 변	
① 경비 지급시	경 비	×××	현 금	×××
② 경비 발생시	제 조 경 비	×××	경 비	×××
	월 차 손 익	×××		
③ 제조경비 소비시	재 공 품	×××	제 조 경 비	×××
	제 조 간 접 비	×××		

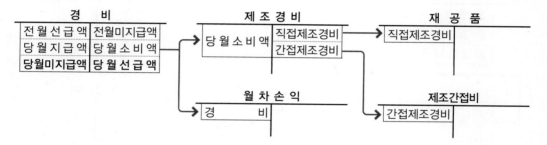

(2) 제조경비계정을 설정하지 않는 경우

구 분	차 변		대 변	
① 경비 지급시	경 비	×××	현 금	×××
② 경비 소비시	재 공 품	×××	경 비	×××
	제 조 간 접 비	×××		
	월 차 손 익	×××		

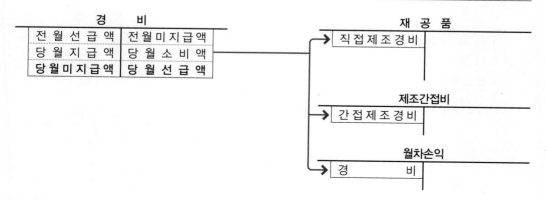

4. 재공품계정, 제조간접비계정, 제품계정

간접재료비, 간접노무비, 간접제조경비를 제조간접비계정으로 집계하고, 원가계산기말에 일정한 기준에 따라 각 제품(재공품 계정)에 배부한다. 직접재료비, 직접노무비, 직접제조경비, 제조간접비를 집계하여 완성된 제품은 제품계정에 대체하고, 제조과정 중에 있는 미완성품은 차월로 이월시킨다.

완성된 제품 중 판매된 것은 매출원가계정으로 대체하면 된다. 제조 기업에서는 일반적으로 원가계산 기간을 1개월로 정하고 있으므로 월차결산을 하는 경우 월차손익 계정의 차변에는 매출원가, 판매비와 관리비가 기입되고, 대변에는 매출액이 기입되며, 그 잔액은 당월의 영업손익을 나타낸다.

구 분	차 변		대 변	
① 제조간접비를 제품제조에 배부	재　　　공　　　품	×××	제 조 간 접 비	×××
② 완성품원가를 제품계정에 대체	제　　　　　　품	×××	재　　　공　　　품	×××
③ 제품 매출시	현　　　　　　금	×××	매　　　　　　출	×××
	매　출　원　가	×××	제　　　　　　품	×××
④ 월차손익 대체분개	매　　　　　　출	×××	월 차 손 익	×××
	월 차 손 익	×××	매　출　원　가	×××
	월 차 손 익	×××	경　　　　　　비	×××

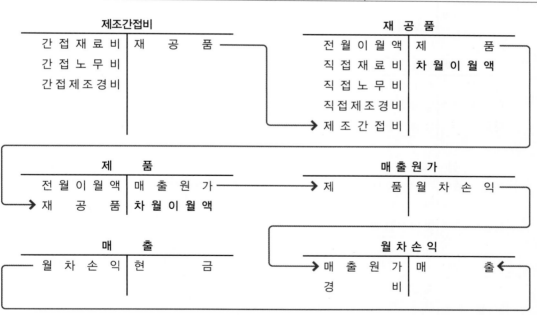

5. 원가의 흐름과 기장

재료가 제품으로 완성되고 판매되기까지의 원가 흐름을 나타내면 다음과 같다.

(1) 원가의 흐름

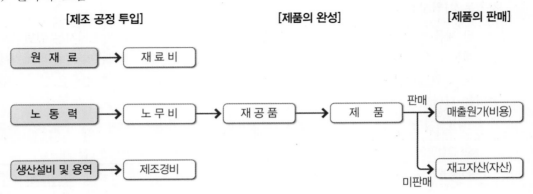

(2) 원가의 흐름과 계정 간의 대체 관계

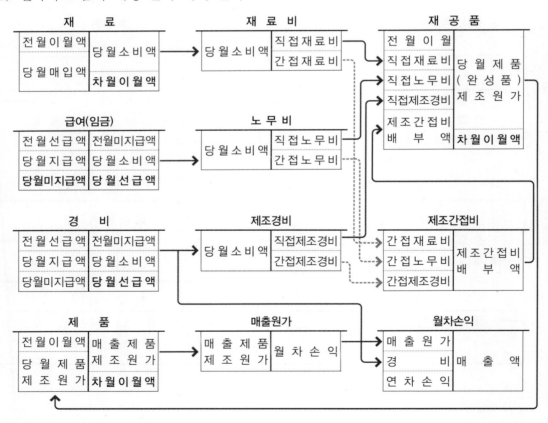

(3) 원가흐름에 관한 등식

① 재료소비액 = 월초 재료 재고액 + 당월 재료 매입액 – 월말 재료 재고액

② 노무비소비액 = 당월 지급액 + 당월 미지급액 – 전월 미지급액

③ 제조경비소비액 = 전월 선급액 + 당월 지급액 – 당월 선급액

④ 당월총제조비용 = 직접재료비 + 직접노무비 + 직접제조경비 + 제조간접비

⑤ 당월제품제조원가 = 월초재공품재고액 + 당월총제조비용 – 월말재공품재고액

⑥ 매출원가 = 월초제품재고액 + 당월제품제조원가 – 월말제품재고액

⑦ 판매가능액 = 월초제품재고액 + 당월제품제조원가

⑧ 매출총이익 = 매출액 – 매출원가

⑨ 영업이익 = 매출총이익 – 판매비와관리비

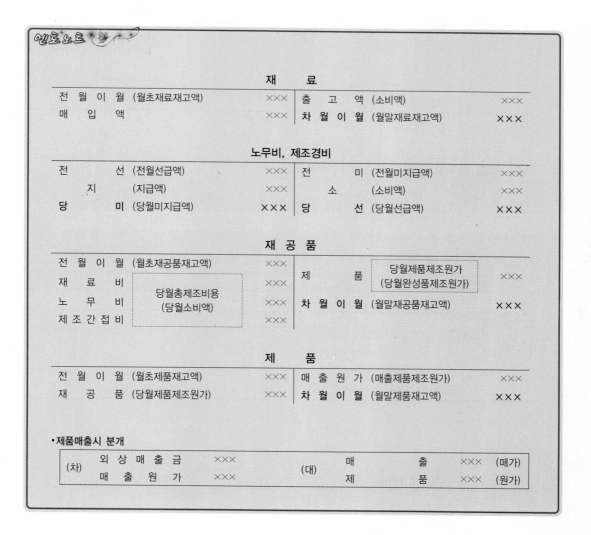

재　료

| 전 월 이 월 (월초재료재고액) | ××× | 출 고 액 (소비액) | ××× |
| 매 입 액 | ××× | **차 월 이 월** (월말재료재고액) | **×××** |

노무비, 제조경비

전 선 (전월선급액)	×××	전 미 (전월미지급액)	×××
지 (지급액)	×××	소 (소비액)	×××
당 미 (당월미지급액)	**×××**	**당 선** (당월선급액)	**×××**

재 공 품

전 월 이 월 (월초재공품재고액)	×××	제 품 (당월제품제조원가) (당월완성품제조원가)	×××
재 료 비	×××		
노 무 비 당월총제조비용 (당월소비액)	×××	**차 월 이 월** (월말재공품재고액)	**×××**
제 조 간 접 비	×××		

제 품

| 전 월 이 월 (월초제품재고액) | ××× | 매 출 원 가 (매출제품제조원가) | ××× |
| 재 공 품 (당월제품제조원가) | ××× | **차 월 이 월** (월말제품재고액) | **×××** |

• 제품매출시 분개

| (차) | 외 상 매 출 금 | ××× | (대) | 매 | 출 | ××× | (매가) |
| | 매 출 원 가 | ××× | | 제 | 품 | ××× | (원가) |

01. 다음 거래를 분개하고, 아래 계정에 기입하시오.

(1) 월초재료재고액 ₩30,000   당월재료외상매입액 ₩600,000   월말재료재고액 ₩10,000

(2) 재료 ₩620,000을 작업현장에 출고하다.

(3) 재료비 소비액 중 ₩500,000은 직접소비액이고, ₩120,000은 간접소비액이다.

구 분	차 변		대 변	
(1) 매입시				
(2) 출고시				
(3) 소비시				

재 료

재 공 품

재 료 비

제조간접비

02. 다음 거래를 분개하고, 아래 계정에 기입하시오.

(1) 전월 임금 미지급액 ₩30,000   당월 임금 현금지급액 ₩400,000
    당월 임금 미지급액 ₩10,000

(2) 당월 임금 발생액 ₩380,000

(3) 노무비소비액 중 ₩200,000은 직접소비액이고, ₩180,000은 간접소비액이다.

구 분	차 변		대 변	
(1) 지급시				
(2) 발생시				
(3) 소비시				

임 금

재 공 품

노 무 비

제조간접비

03. 다음 거래를 분개하고, 아래 계정에 기입하시오.

(1) 전월 경비 선급액 ₩20,000   당월 경비 현금지급액 ₩200,000
    당월 경비 선급액 ₩30,000

(2) 당월 경비 발생액 중 ₩100,000은 제조부 소비액이고, ₩90,000은 영업부소비액이다.

(3) 제조경비 소비액 ₩100,000은 전액 제조간접비이다.

구 분	차 변		대 변	
(1) 지급시				
(2) 발생시				
(3) 소비시				

```
           경      비                              제 조 경 비
_____|_____                    _____|_____
           |                                          |
           |                                          |
           |                                   제조간접비
           |                            _____|_____
                                                   |

                                              월 차 손 익
                                       _____|_____
                                                   |
```

04. 다음 거래를 분개하고, 아래 계정에 기입하시오.

(1) 제조간접비 전액을 제품제조에 배부하다.

(2) 월초재공품재고액 ₩100,000   월말재공품재고액 ₩200,000
    당월에 완성된 제품의 제조원가 ₩1,000,000

구 분	차 변		대 변	
(1) 제조간접비배부				
(2) 완성품제조원가				

```
         제조간접비                              재 공 품
재 료 비  120,000 |              전 월 이 월       |
노 무 비  180,000 |              재 료 비  500,000 |
제조경비  100,000 |              노 무 비  200,000 |

           제   품
_____|_____
           |
```

05. 다음 거래를 분개하고, 아래 계정에 기입하시오.

(1) 월초제품재고액 ₩200,000   월말제품재고액 ₩100,000

제품 ₩1,500,000(매출제품 제조원가 ₩1,100,000)을 외상매출하다.

(2) 매출액과 매출원가를 월차손익계정에 대체하다.

구 분	차 변	대 변
(1) 제품매출시		
(2) 월차손익대체		

제 품		매출원가	
전월이월			
재 공 품 1,000,000			

매 출		월차손익	

06. 다음 거래를 분개하시오.

3월 6일 원재료를 ₩45,000에 외상으로 매입하다.

3월 10일 작업자에 대한 임금 ₩60,000을 현금으로 지급하다.

3월 15일 생산이 완료된 완성품 ₩70,000을 제품창고에 입고하다.

3월 20일 원가 ₩50,000인 제품을 ₩68,000에 외상으로 판매하다.

구 분	차 변	대 변
3월 6일		
3월 10일		
3월 15일		
3월 20일		

07. 다음 자료에 의하여 아래 물음에 답하시오.

[자료 1] 재고액

비 목	월초재고액	월말재고액
원재료	₩14,000	₩15,000
재공품	₩15,000	₩20,000
제 품	₩25,000	₩35,000

[자료 2] 당월 발생 거래내역

(1) 원재료 매입액 ₩40,000
(2) 전월 노무비 미지급액 ₩10,000   당월 노무비 미지급액 ₩12,000
    당월의 노무비 지급액 ₩78,000
(3) 간접제조경비 발생액 ₩70,000

[물음]

(1) 원재료 소비액은 얼마인가?   (₩   )
(2) 노무비 당월 발생액은 얼마인가?   (₩   )
(3) 당월총제조비용은 얼마인가?   (₩   )
(4) 당월제품제조원가는 얼마인가?   (₩   )
(5) 당월의 매출원가는 얼마인가?   (₩   )

08. **다음 자료에 의하여 원가요소계정으로부터 월차손익계정에 이르기까지 필요한 분개를 하고, 해당 계정에 전기하여 마감하시오.**

(1) 월초, 월말 재고액

구 분	재 료	재 공 품	제 품
월초재고액	₩20,000	₩26,000	₩32,000
월말재고액	₩30,000	₩22,000	₩46,000

(2) 월 중의 거래

① 재료 ₩100,000을 외상으로 매입하다.

② 임금 ₩80,000을 현금으로 지급하다.

③ 경비 ₩60,000을 수표발행하여 지급하다.

④ 재료 ₩90,000을 창고에서 공장작업현장으로 출고하다.

⑤ 임금 당월발생(소비)액은 ₩70,000이다.

⑥ 경비 발생(소비)액은 56,000으로 이 중 제조부(공장)분 ₩30,000 영업부(본사)분 ₩26,000이다.

⑦ 재료비 소비액 중 직접재료비는 ₩60,000이고, 간접재료비는 ₩30,000이다.

⑧ 노무비 소비액 중 직접노무비는 ₩50,000이고, 간접노무비는 ₩20,000이다.

⑨ 제조경비 소비액은 전액 제조간접비이다.

⑩ 제조간접비를 제품제조(재공품)에 배부하다.

⑪ 당월완성품제조원가를 제품계정에 대체하다.

⑫ 당월 제품 ₩300,000(매출품제조원가 각자계산)을 현금으로 매출하다.

⑬ 당월의 매출액과 매출원가를 월차손익계정에 대체하다.

구 분	차 변		대 변	
① 재료매입시				
② 임금지급시				
③ 경비지급시				
④ 재료출고시				
⑤ 임금발생시				
⑥ 경비발생시				
⑦ 재료비소비시				

구 분	차 변		대 변	
⑧ 노무비소비시				
⑨ 제조경비소비시				
⑩ 제조간접비배부				
⑪ 완성품제조원가				
⑫ 제품매출시				
⑬ 월차손익대체				

재　료

재 료 비

임　금

전월이월	14,000

노 무 비

제조경비

경　비

전월이월	6,000	

재 공 품

제　품

제조간접비

매출원가

월차손익

매　출

01. 상공기업의 직접재료 기초재고는 ₩4,000 당기사용액은 ₩10,000이었으며, 기말재고는 ₩5,000이었다. 상공기업의 직접재료 매입액은 얼마인가?

① ₩9,000   ② ₩10,000

③ ₩11,000   ④ ₩12,000

02. 다음 자료를 이용하여 당월의 노무비 지급액을 구하면 얼마인가?

전월말 노무비 미지급액	₩10,000
당월말 노무비 미지급액	12,000
당월 노무비 발생액	110,000

① ₩108,000   ② ₩120,000

③ ₩102,000   ④ ₩112,000

03. 제조부문에서 발생하는 노무비에 대한 설명 중 옳은 것은?

① 판매비와관리비에 해당한다.

② 고정비에 해당한다.

③ 제품원가 계산 시 당기총제조비용에 반영된다.

④ 재료비 계정으로 대체된다.

04. 다음 중 재공품계정의 차변에 기입되지 않는 것은?

① 월초재공품

② 직접재료비

③ 직접노무비

④ 당월제품제조원가

05. 다음 중 재공품계정의 대변에 기입되는 사항은?

① 제조간접비 배부액

② 직접재료비 소비액

③ 당기 제품제조원가

④ 재공품 전기이월액

06. 다음은 ㈜부산에서 발생한 원가자료이다. 당기총제조비용은 얼마인가? 단, 제조간접비는 직접노무비의 50%를 배부한다.

직 접 재 료 비	10,000,000원	직 접 노 무 비	8,050,000원
제 조 간 접 비 ( )		판 매 비 와 관 리 비	5,000,000원

① 18,050,000원

③ 26,100,000원

② 22,075,000원

④ 27,075,000원

07. 다음 자료에 의한 (주)씨엘의 직접노무비는 얼마인가?

기 초 원 재 료	100,000원	기 말 원 재 료	200,000원
기 초 재 공 품	1,000,000원	기 말 재 공 품	500,000원
당 기 매 입 원 재 료	600,000원	제 조 간 접 비	1,500,000원
당 기 제 품 제 조 원 가	4,000,000원		

① 500,000원

③ 1,500,000원

② 1,000,000원

④ 2,000,000원

08. 제조원가와 관련된 자료가 다음과 같을 때 기초 재공품은 얼마인가?

직 접 재 료 비	480,000원	직 접 노 무 비	320,000원
제 조 간 접 비	190,000원	기 말 재 공 품	150,000원
당 기 제 품 제 조 원 가	1,080,000원		

① 230,000원

③ 240,000원

② 90,000원

④ 60,000원

09. 다음은 이번 달의 재공품계정에 관한 자료이다. 이 달의 제품 제조원가는 얼마인가?

직 접 재 료 비	₩50,000	직 접 노 무 비	₩12,000
제 조 간 접 비	₩18,000	기 초 재 공 품	₩16,000
기 말 재 공 품	₩24,000		

① ₩96,000

③ ₩80,000

② ₩88,000

④ ₩72,000

10. 다음은 (주)부산실업의 제조원가와 관련한 자료이다. 당기제품제조원가는 얼마인가?

기 초 재 공 품	100,000원	직 접 재 료 비	600,000원
가 공 비	1,000,000원	직 접 노 무 비	600,000원
기 말 재 공 품	250,000원	간 접 재 료 비	200,000원
간 접 노 무 비	100,000원	간 접 제 조 경 비	100,000원

① 1,350,000원　　　　　　　　② 2,050,000원
③ 1,450,000원　　　　　　　　④ 1,050,000원

11. 다음의 자료를 근거로 매출원가를 계산하면 얼마인가?

㉠ 당 기 총 제 조 비 용	3,000,000원
㉡ 기 초 재 공 품 재 고 액	200,000원
㉢ 기 말 재 공 품 재 고 액	150,000원
㉣ 기 초 제 품 재 고 액	400,000원
㉤ 기 말 제 품 재 고 액	500,000원

① 2,900,000원　　　　　　　　② 2,950,000원
③ 3,000,000원　　　　　　　　④ 3,050,000원

12. 화재로 장부가 손상되어 아래의 자료만 남아있다. 다음 자료에 의하면 전기에 이월되었던 재공품원가는 얼마인가?

㉠ 기 초 제 품	5,000,000원
㉡ 기 말 제 품	3,000,000원
㉢ 기 말 재 공 품	2,000,000원
㉣ 당 기 총 제 조 원 가	10,000,000원
㉤ 매 출 원 가	12,000,000원

① 0원　　　　　　　　　　　② 2,000,000원
③ 3,000,000원　　　　　　　　④ 5,000,000원

13. 원가 및 재고자산에 관련된 자료가 다음과 같을 때, 제품제조원가는 얼마인가?

	1. 1 재고	당기 매입	12. 31 재고
원 재 료	38,000원	320,000원	45,000원
재 공 품	150,000원		180,000원
직접 노무비 발생		150,000원	
제조 간접비 발생		270,000원	
제 품	200,000원		310,000원

① 703,000원

② 623,000원

③ 593,000원

④ 815,000원

14. 다음 중 원가집계 계정의 흐름으로 가장 옳은 것은?

① 매출원가 → 재공품 → 재료비 → 제품

② 재료비 → 매출원가 → 재공품 → 제품

③ 재료비 → 재공품 → 제품 → 매출원가

④ 매출원가 → 재료비 → 재공품 → 제품

15. 다음 자료를 이용하여 당월의 매출원가를 계산하면 얼마인가?

(1) 직접 재료 매입액 ₩400,000

(2) 직접 노무비 발생액 ₩800,000

(3) 간접 제조경비 발생액 ₩700,000

(4) 월초와 월말의 재고자산은 다음과 같다.

구 분	월 초	월 말
재 료	₩140,000	₩150,000
재공품	₩150,000	₩200,000
제 품	₩250,000	₩350,000

① ₩1,870,000

② ₩1,840,000

③ ₩1,740,000

④ ₩1,700,000

16. 다음 자료를 이용하여 매출원가를 구하면 얼마인가?

기 초 재 공 품 원 가	₩20,000	기 말 재 공 품 원 가	₩21,000
기 초 제 품 재 고 액	30,000	기 말 제 품 재 고 액	25,000
당 기 총 제 조 비 용	100,000		

① ₩104,000   ② ₩99,000
③ ₩94,000   ④ ₩124,000

17. (주)경기의 20×1년 12월 31일 종료되는 회계연도의 제조원가와 관련된 자료는 다음과 같다. 당기의 기말재공품원가는 얼마인가?

직 접 재 료 비	₩1,200	직 접 노 무 비	₩1,400
제 조 간 접 비	( )	당 기 총 제 조 비 용	4,000
기 초 재 공 품 원 가	2,200	당기제품제조원가	5,000

① ₩11,200   ② ₩1,600
③ ₩3,200   ④ ₩1,200

18. 당기에는 재료와 재공품의 기초재고액과 기말재고액이 동일 했으나 기초제품재고액은 ₩5,000이었으며 기말제품재고액은 기초제품재고액보다 ₩2,000이 증가하였다. 당기총제조비용이 ₩100,000이었다면 판매(매출)가능제품액은 얼마인가?

① ₩105,000   ② ₩102,000
③ ₩107,000   ④ ₩103,000

19. 당기의 기초재공품원가와 기말재공품원가는 동일하다. 당기에 판매가능한 제품의 원가는 ₩150,000이고, 기말제품의 원가는 기초제품의 원가보다 ₩6,000이 더 많다. 기초제품의 원가가 ₩20,000이라면 매출원가는 얼마인가?

① ₩120,000   ② ₩124,000
③ ₩130,000   ④ ₩144,000

20. 다음 중 컴퓨터 제조회사인 (주)일신전자의 당기총제조원가에 영향을 미치지 않는 것은?

　① 공장 직원들의 사기진작을 위하여 특별보너스를 지급하였다.

　② 제조부서에서 사용하는 컴퓨터가 고장나서 수리하였다.

　③ 공장건물에 대한 재산세를 납부하였다.

　④ 원재료를 1,000,000원에 구입하기로 계약하였다.

21. 다음 중에서 "당기제품제조원가"와 "매출원가"가 동일해지는 경우는 어느 경우인가?

　① 기초제품재고금액과 당기제품제조원가 금액이 동일한 경우

　② 기말제품재고금액과 당기제품제조원가 금액이 동일한 경우

　③ 기초제품재고금액과 기말제품재고금액이 동일한 경우

　④ 기초제품재고금액과 매출원가금액이 변동없이 동일한 경우

22. 기초재공품재고액과 기말재공품재고액이 동일한 금액이고 또한 기초제품재고액과 기말제품재고액이 동일한 금액이라고 가정할 때 다음 중 맞지 않는 것은?

　① 당기총제조원가와 당기매출액은 동일하지 않다.

　② 당기제품제조원가와 당기매출원가는 동일하다.

　③ 당기총제조원가와 당기매출원가는 동일하지 않다.

　④ 당기총제조원가, 당기제품제조원가, 매출원가가 모두 동일하다.

23. 기초재공품액이 기말재공품액 보다 더 큰 경우 다음 중 가장 적절한 설명은?

　① 기초재공품액에 당기총제조원가를 더한 금액이 당기제품제조원가가 된다.

　② 당기총제조원가가 당기제품제조원가보다 더 크다.

　③ 당기제품제조원가가 매출원가보다 더 크다.

　④ 당기제품제조원가가 당기총제조원가보다 크다.

24. 기말재공품재고를 잘못 계산하여 수정할 경우 그 금액이 달라지지 않는 것은?
　　단, 기말제품재고는 선입선출법으로 평가한다.

　① 당기총제조원가

　② 당기제품제조원가

　③ 매출원가

　④ 기말제품재고

25. (주)강원에서 9월 중에 발생한 원가에 대한 자료는 아래와 같다. 이 자료를 이용하여 제조간접비와 당기총제조비용을 구하면 각각 얼마인가?

직 접 재 료 비	₩2,000	직 접 노 무 비	₩3,000
기 계 감 가 상 각 비	2,400	공장건물감가상각비	1,500
본사건물감가상각비	1,200	공 장 감 독 자 급 여	2,000
본 사 임 원 급 여	3,000	판 매 수 수 료	1,600
본사건물화재보험료	1,300	공장건물화재보험료	1,800

① 제조간접비 ₩7,700   당기총제조비용 ₩12,700
② 제조간접비 ₩7,700   당기총제조비용 ₩19,300
③ 제조간접비 ₩14,800   당기총제조비용 ₩12,700
④ 제조간접비 ₩14,800   당기총제조비용 ₩19,300

26. 계속기록법에서 현금 매출시 2개의 분개가 이루어진다. 하나는 차변에 현금, 대변에 매출이 기록된다. 그리고 또 다른 분개는?

① 차변에 재공품, 대변에 제품
② 차변에 제품, 대변에 매출원가
③ 차변에 매출원가, 대변에 제품
④ 차변에 제품, 대변에 재공품

제3장

요소별 원가 계산

01. 재료비

02. 노무비

03. 제조경비

01 재료비

1. 재료비의 뜻과 분류

(1) 재료와 재료비

재료와 재료비는 원가변형 과정에서 차이가 생기는 것으로서 재료(원재료)는 제품의 제조에 소비할 목적으로 보관하고 있는 재고자산의 형태를 말하는데 반해서, 재료비는 재료가 제조과정에서 소비되어 원가의 형태로 변형되는 가치를 말하는 것이다.

(2) 재료비의 분류

① 사용형태에 따른 분류

㉠ 주요재료비 : 제품의 주요 부분을 구성하는 재료를 소비함으로써 발생하는 원가요소 (예 : 가구제조회사의 목재, 제지 회사의 펄프, 제과회사의 밀가루, 자동차제조회사의 철판 등)

㉡ 부품비 : 부품을 소비함으로써 발생하는 원가요소(예 : 자동차제조회사의 타이어, 선박의 엔진 등)

㉢ 보조재료비 : 제품의 제조과정에서 보조적으로 사용되는 재료를 소비함으로써 발생하는 원가요소(가구제조회사의 못, 의복제조회사의 실이나 단추 등)

㉣ 소모 공구 기구 비품비 : 내용연수가 1년 미만이거나 또는 가격이 일정액 공구·기구·비품 등의 소비가치(예 : 드라이버, 망치, 온도계, 전력계 등)

② 추적가능성(제품관련성)에 따른 분류

㉠ 직접재료비 : 특정제품제조에 소비된 주요재료비와 부품비

㉡ 간접재료비 : 여러제품제조에 공통적으로 소비된 보조재료비와 소모공구기구비품비

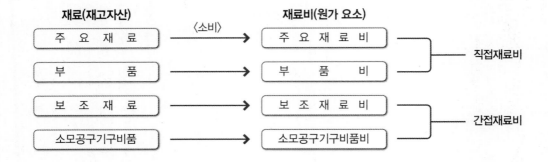

2. 재료의 매입(입고)와 출고

(1) 재료의 매입

기업이 제조활동을 원활하게 수행하려면 필요한 재료를 적정 수준으로 매입하여 보관해 두었다가, 재료 사용 부서의 요구가 있을 때 즉시 공급할 수 있어야 한다.

구 분	차 변	대 변
재료 매입시	재　　　료　×××	현　　　금　×××

재료매입원가 계산은 재료주비와 재료부비중 외부재료부비를 포함하여 계산하고, 내부재료부비는 경비로 처리 한다.

재료주비		•재료의 순수매입가격으로 재료의 매입에누리나 매입할인은 재료의 매입원가에서 차감하여야 한다.
재료부비	외부재료부비	•매입수수료, 인수운임, 하역비, 보험료
	내부재료부비	•회사내 운반비용 등

(2) 재료의 출고

재료는 생산부서의 요구에 따라 출고되는데, 재료출고전표 또는 재료출고청구서를 사용한다. 재료의 출고액 중에서 재료출고전표에 제조지시서 번호가 매겨져 있는 재료비는 개별작업 또는 제품에 추적 가능한 직접 재료비이므로 재공품계정에 기입하고 사용부문명이 기입된 간접재료비는 제조간접비 계정에 기입한다.

재료 출고 전표

20××년 ×월 ×일

제조 지시서 번호 _____

사용 부문 _____

품 명	규 격	수 량	단 가	금 액

구 분	차 변	대 변
재료 출고시	재　　료　　비　×××	재　　　　　료　×××
재료비 소비시	재　　공　　품　××× 제 조 간 접 비　×××	재　　료　　비　×××

3. 재료비의 계산

재료는 창고에 보관되어 있는 동안에는 자산으로 취급되고, 창고에서 출고되면 재료비라는 원가요소가 된다. 월초재료재고액에 당월재료매입액을 합한 금액에서 월말재료재고액을 차감하여 계산한다.

(1) 재료소비량의 계산

재료소비량을 계산하는 문제는 근본적으로 계산공식을 선택하는 것이다. 즉, 기초재료재고량에다 당기매입량을 가산한 상태에서 당기소비량을 차감하여 기말재고액을 계산하는 방법과 기말재고량을 차감한 후 당기소비량을 계산하는 방법의 두 가지가 있는데 전자를 계속기록법이라 하고 후자를 실지재고조사법이라 한다.

① 계속기록법 (perpetual inventory method)

계속기록법은 기중에 재료의 입출고를 계속적으로 기록하여 당기소비량을 계산하는 것으로서 다음과 같은 공식을 사용한다.

> 기초재고량 + 당기매입량 - 당기소비량 = 기말장부재고량

계속기록법은 기록하는데에 따른 불편은 있으나 재고감모수량이 확실히 파악될 수 있는 장점이 있다.

② 실지재고조사법 (physical inventory method)

실지재고조사법은 원가계산 기말에 실사재고량을 파악한 후 당기소비량을 추정하는 것으로 다음과 같은 공식을 사용한다.

> 기초재고량 + 당기매입량 - 기말실지재고량 = 당기소비량

실지재고조사법은 계산실무가 간편한 장점은 있으나 재고감모수량 모두가 당기 소비량에 포함되어 계산되므로 비정상감모량의 추적이 어렵다는 단점이 있다.

③ 역산법

역산법은 제품생산량과 재료소비량 사이에 비례적 관계가 있을 때에만 적용할 수 있는 것으로서 다음 공식을 사용한다.

> 제품완성량 × 제품단위당 표준소비량 = 추정소비량

(2) 재료소비단가의 계산

재료의 소비액은 [재료소비량 × 재료소비단가]에 의해서 계산되는데 재료소비량이 계산되더라도 수차에 걸친 매입 때 마다 각각 구입원가가 다르기 때문에 소비단가를 일률적으로 규정하기는 매우 어렵게 된다.

① 개별법 (specific identificated method)
출고 재료별로 출처를 추적하여 각각의 단가를 산정하는 방법으로 재료의 종류나 규모가 적거나 극히 중요한 재료에 사용되는 방법이다.

② 선입선출법 (first in first out method : FIFO)
처음에 입고된 것부터 우선 소비된 것으로 가정하는 것으로서 대개의 물량흐름과 일치하게 되는 장점이 있다.

③ 후입선출법 (last in first out method : LIFO)
나중에 입고된 것부터 우선 소비된 것으로 가정하는 것으로서 창고에 적재한 무연탄의 출고같은 특수한 경우의 물량흐름과는 일치하나 대체로 물가상승시 법인세 절감목적으로 사용하는 수가 많다.

④ 이동평균법 (moving average method : MAM)
재료가 입고할 때마다 평균단가를 산출하여 그것을 출고단가로 적용한다.

$$\frac{\text{매입직전의 재료재고액} + \text{금번의 재료매입액}}{\text{매입직전의 재료 재고수량} + \text{금번의 재료 매입수량}} = \text{이동평균단가}$$

⑤ 총평균법(total average method : TAM)
일정기간의 순매입액을 순매입수량으로 나누어 총평균단가를 산출하여 소비단가로 적용하는 방법이다.

$$\frac{\text{월초재고액} + \text{당월매입액}}{\text{월초재고수량} + \text{당월매입수량}} = \text{총평균단가}$$

■ 원가계산준칙 제9조(재료비의 계산)

① 재료비는 기초 재료 재고액에 당기 재료매입액을 가산하고 기말재료재고액을 차감하여 계산한다.

② 재료의 소비수량은 계속기록법에 의하여 계산하며 필요한 경우에는 실지재고조사법 또는 역산법에 의하여 계산할 수 있고, 2 이상의 방법을 병행하여 적용할 수 있다.

③ 재료의 소비가격은 취득원가에 의하여 계산하며, 동일재료의 취득원가가 다를 경우에는 개별법·선입선출법·후입선출법·이동평균법 또는 총평균법 등의 방법을 적용하여 계산한다.

(3) 재료감모손실

재료의 입고와 출고를 장부에 정확히 기록한다면, 장부상의 재고량과 실제로 창고에 보관 중인 재고량은 서로 일치해야 한다. 그러나 재료는 보관 중에 파손, 도난, 부패, 증발 등으로 인하여 감소될 수 있기 때문에, 실제재고량은 장부상의 재고량과 서로 일치하지 않는 것이 보통이다. 장부상의 재료재고액과 실제 재료재고액과의 차이는 재료감모손실계정으로 하고, 정상적 원인에 의한 재료감모손실은 매출원가에 가산하기위해 제조간접비계정에 대체하고, 비정상적 원인에 의한 재료감모손실은 영업외비용이므로 손익계정에 대체 한다.

구 분	차 변		대 변	
재료감모손실 발생	재 료 감 모 손 실	×××	재 료	×××
재료감모손실이 정상적	제 조 간 접 비 (매 출 원 가)	×××	재 료 감 모 손 실	×××
재료감모손실이 비정상적	손 익	×××		

> ▣ 기업회계기준서 제10호 재고자산 제29문단, 재고자산의 장부상 수량과 실제 수량과의 차이에서 발생하는 감모손실의 경우 정상적으로 발생한 감모손실은 매출원가에 가산하고 비정상적으로 발생한 감모손실은 영업외비용으로 분류한다.

(4) 재료평가손실

기말재고로 남아 있는 실제 재료의 시가(현행대체원가)가 장부상 원가보다 하락한 경우에 시가와 원가의 차액을 말하며, 재료평가손실은 재료계정에서 차감하고 매출원가에 가산한다.

구 분	차 변		대 변	
재료평가손실 발생시	재 료 평 가 손 실	×××	재 료	×××
재료평가손실 처리시	매 출 원 가	×××	재 료 평 가 손 실	×××

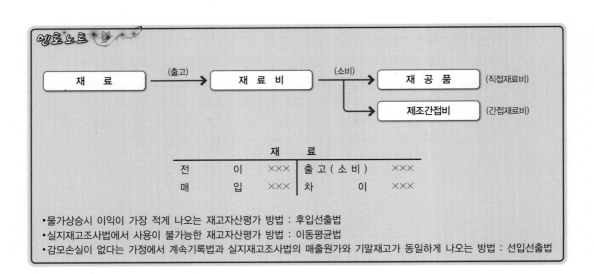

- 물가상승시 이익이 가장 적게 나오는 재고자산평가 방법 : 후입선출법
- 실지재고조사법에서 사용이 불가능한 재고자산평가 방법 : 이동평균법
- 감모손실이 없다는 가정에서 계속기록법과 실지재고조사법의 매출원가와 기말재고가 동일하게 나오는 방법 : 선입선출법

01. 다음( )안에 알맞은 말을 써 넣으시오.

(1) 재료비는 사용형태에 따라 ( ), ( ), ( ), 소모공구기구비품비 등으로 구분한다.

(2) 제품의 추적가능성에 따라 주요재료비와 부품비는 ( )이고, 보조재료비와 소모공구기구비품비는 간접재료비이다.

(3) 재료소비량을 계산하는 방법에는 ( ), ( ), 역산법등이 있다.

(4) 재료 소비 단가를 계산하는 방법에는 개별법, ( ), 후입선출법, ( ), 총평균법 등이 있다.

(5) 재료 감모손실이 정상적이면 ( )계정에 비정상적이면 영업외비용이므로 ( )계정에 대체한다.

02. 충남공업사는 재료를 전액 외상으로 매입하고 있다. 다음 자료를 이용하여 필요한 분개를 하고 계정에 기입하시오.

(1) 재료의 전월이월액   ₩10,000   재료 외상 매입액   ₩150,000
(2) 재료출고액   ₩145,000
(3) 외상매입금 전월이월액 ₩20,000   외상매입금 현금 지급액   ₩140,000

구 분	차 변		대 변	
(1) 매입시				
(2) 출고시				
(3) 지급시				

재   료

전월이월 _____
                         차월이월 _____
_____   _____

외상매입금

                         전월이월 _____
차월이월 _____
_____   _____

03. (주)대한의 3월 중 재료에 관한 자료는 다음과 같다. 분개를 하고 아래계정에 전기하시오.

(1) 월초재료재고액 ₩20,000   당월재료매입액(외상) ₩150,000

    매입환출및에누리 ₩10,000

(2) 재료의 공장출고분은 ₩110,000을 작업현장에 출고하다.

(3) 재료비 소비액 중 ₩90,000은 직접소비액이고, ₩20,000은 간접소비액이다.

구 분	차 변		대 변
재료매입시			
재료환출및에누리			
재료출고시			
재료소비시			

재   료

재 공 품

재 료 비

제조간접비

section 기본문제 3-1

04. 다음 주요재료에 대한 자료에 의하여 물음에 답하시오.

① 월초재고수량	40개	② 당월매입수량	200개
③ 장부재고수량	50개	④ 실제재고수량	45개
⑤ 단위당원가	@₩3,000	⑥ 단위당시가	@₩2,900

(1) 주요재료를 계속기록법으로 기록할 경우 재료소비액은 얼마인가? ·················· (   )

공 식	① 월초재고량 + 당월매입량 − 월말**장부**재고량 = 당월소비량
	② 당월소비량 × 단위당원가 = 재료소비액
계 산 과 정	①
	②

(2) 주요재료를 실지재고조사법으로 기록할 경우 재료소비액은 얼마인가? ·················· (   )

공 식	① 월초재고량 + 당월매입량 − 월말**실제**재고량 = 당월소비량
	② 당월소비량 × 단위당원가 = 재료소비액
계 산 과 정	①
	②

(3) 주요재료를 계속기록법과 실지재고조사법을 병행할 경우 재료 감모손실은 얼마인가? ·················· (   )

공 식	(장부재고량 − 실제재고량) × 단위당원가 = 재료감모손실
계 산 과 정	

(4) 주요재료의 재고자산 평가손실은 얼마인가? ····················· (   )

공 식	실제재고량 × (단위당원가 − 단위당시가) = 재료평가손실
계 산 과 정	

05. 다음 보조재료에 대한 자료에 의하여 물음에 답하시오.

① 월초재고량	250kg	② 당월매입량	1,500kg
③ 장부재고량	200kg	④ 실지재고량	180kg
⑤ 단위당원가	@₩200	⑥ 단위당시가(현행 대체원가)	@₩180

(1) 보조재료를 계속기록법으로 기록할 경우 재료소비액은 얼마인가? ·· (   )

공 식	① 월초재고량 + 당월매입량 – 월말장부재고량 = 당월소비량
	② 당월소비량 × 단위당원가 = 재료소비액
계 산 과 정	①
	②

(2) 보조재료를 실지재고조사법으로 기록할 경우 재료소비액은 얼마인가? ·································· (   )

공 식	① 월초재고량 + 당월매입량 – 월말실제재고량 = 당월소비량
	② 당월소비량 × 단위당원가 = 재료소비액
계 산 과 정	①
	②

(3) 보조재료를 계속기록법과 실지재고조사법을 병행할 경우 재료 감모손실은 얼마인가? ·············· (   )

공 식	(장부재고량 – 실제재고량) × 단위당원가 = 재료감모손실
계 산 과 정	

(4) 보조재료의 재고자산 평가손실은 얼마인가? ····················· (   )

공 식	실제재고량 × (단위당원가 – 단위당시가) = 재료평가손실
계 산 과 정	

06. 다음은 (주)대명공업의 당월 재료와 관련된 자료이다. 재료감모손실과 재료평가손실의 계산과정과 분개를 하시오.

월초 재고수량	200개	당월매입수량	1,500개
당월 소비수량	1,400개	월말실제수량	200개

당월 재료의 단위당 취득원가는 모두 ₩30이며, 시가(현행대체원가) ₩20이고, 재료감모수량 중 30개는 정상적이고, 나머지는 비정상적인 것으로 간주한다.

공 식	월초재고량 + 당월매입량 - 당월소비량 = 월말장부재고량
계 산 과 정	

공 식	(장부재고량 - 실제재고량) × 단위당원가 = 재료감모손실
계 산 과 정	
정 상 적 감 모 손 실	
비정상적감모손실	

공 식	실제재고량 × (단위당원가 - 단위당시가) = 재료평가손실
계 산 과 정	

구 분	차 변	대 변
재료감모손실 발생시		
재료감모손실 처리시		
재료평가손실 발생시		
재료평가손실 처리시		

07. 다음은 (주)대명산업의 7월 중 주요재료의 입고와 출고에 대한 내역이다. 선입선출법을 이용하여 재료원장을 작성하고, 주요재료의 7월 중 소비액과 7월 말 재고액을 계산하시오.

7월 1일	전월이월	400개	@₩100	₩40,000
7일	매 입	600개	@₩120	₩72,000
14일	출 고	600개		
21일	매 입	500개	@₩130	₩65,000
29일	출 고	560개		

재 료 원 장 (선입선출법)

월 일	적 요	입 고			출 고			잔 액		
		수량	단가	금 액	수량	단가	금 액	수량	단가	금 액

(1) 7월중 재료소비액은 얼마인가? (₩   )
(2) 7월말 재료재고액은 얼마인가? (₩   )

08. 다음은 (주)대명산업의 7월 중 보조재료의 입고와 출고에 대한 내역이다. 후입선출법을 이용하여 재료원장을 작성하고, 보조재료의 7월 중 소비액과 7월 말 재고액을 계산하시오.

7월 1일	전월이월	400개	@₩100	₩40,000
	7일	매 입	600개	@₩120	₩72,000
	14일	출 고	600개		
	21일	매 입	500개	@₩130	₩65,000
	29일	출 고	560개		

재 료 원 장 (후입선출법)

월일	적요	입고 수량	단가	금액	출고 수량	단가	금액	잔액 수량	단가	금액
7 1	전월이월	400	100	40,000				400	100	40,000
7	매 입	600	120	72,000				400	100	40,000
								600	120	72,000
14	출 고				600	120	72,000	400	100	40,000
21	매 입	500	130	65,000				400	100	40,000
								500	130	65,000
29	출 고				500	130	65,000			
					60	100	6,000	340	100	34,000
31	차월이월				340	100	34,000			

(1) 7월중 재료소비액은 얼마인가? (₩   )
(2) 7월말 재료재고액은 얼마인가? (₩   )

09. 다음은 (주)대명산업의 7월 중 재료의 입고와 출고에 대한 내역이다. 이동평균법과 총평균법을 이용하여 재료원장을 작성하라.

7월 1일	전월이월	400개	@₩100	₩40,000
7일	매 입	600개	@₩120	₩72,000
14일	출 고	600개		
21일	매 입	500개	@₩130	₩65,000
29일	출 고	560개		

재 료 원 장 (이동평균법)

월 일	적 요	입 고			출 고			잔 액		
		수량	단가	금 액	수량	단가	금 액	수량	단가	금 액

재 료 원 장 (총평균법)

월 일	적 요	입 고			출 고			잔 액		
		수량	단가	금 액	수량	단가	금 액	수량	단가	금 액

01. (주)대한의 3월 중 재료에 관한 자료는 다음과 같다. 3월 중 재료소비액은 얼마인가?

월초재료재고액	₩100,000	월말재료재고액	₩50,000
당월총매입액	₩70,000	매입환출및에누리	₩10,000

① ₩90,000　　　　　　　　　　② ₩110,000
③ ₩150,000　　　　　　　　　　④ ₩170,000

02. 부산공업사는 직접재료를 전액 외상으로 매입하고 있다. 다음 자료를 이용하여 계산한 당기의 직접재료비는 얼마인가?

외상매입금 전기이월액	₩9,300
외상매입금 차기이월액	₩8,500
외상매입금 지급액	₩47,500
단, 직접재료 차기이월액은 전기이월액 + ₩5,250	

① ₩46,700　　　　　　　　　　② ₩51,950
③ ₩52,350　　　　　　　　　　④ ₩41,450

03. (주)경기는 직접재료를 항상 외상으로 매입하고 있으며, 당기의 직접재료에 관한 자료는 다음과 같다.

외상매입금 지급액	₩40,000
외상매입금계정의 증가	2,000
직접재료계정의 감소	3,000

(주)경기의 당기 직접재료 사용액은 얼마인가?

① ₩41,000　　　　　　　　　　② ₩42,000
③ ₩43,000　　　　　　　　　　④ ₩45,000

04. 다음 중 당월에 발생한 재료비 중 간접재료비 100,000원을 대체하는 분개로 맞는 것은? 다만, 당사는 재료비 계정을 설정하여 회계처리를 하고 있다.

① (차) 재　　　료　　　비　100,000원　　(대) 원　　　재　　　료　100,000원
② (차) 제　조　간　접　비　100,000원　　(대) 재　　　공　　　품　100,000원
③ (차) 원　　　재　　　료　100,000원　　(대) 제　조　간　접　비　100,000원
④ (차) 제　조　간　접　비　100,000원　　(대) 재　　　료　　　비　100,000원

05. 원재료 ₩50,000을 제품의 제조를 위하여 작업 현장에 출고하였는데, ₩30,000은 직접 재료비로, 나머지는 간접 재료비로 소비되었다. 올바른 분개는?

① (차) 재　　공　　품　　50,000　　(대) 재　　료　　비　　50,000
② (차) 재　　공　　품　　50,000　　(대) 원　　재　　료　　50,000
③ (차) 제　　　　품　　30,000　　(대) 재　　료　　비　　50,000
　　　　제 조 간 접 비　　20,000
④ (차) 재　　공　　품　　30,000　　(대) 재　　료　　비　　50,000
　　　　제 조 간 접 비　　20,000

06. 다음 분개에 대한 추정으로 올바른 것은?

(차) 재　　　　료　　10,000	(대) 재　　공　　품　　10,000

① 간접재료 ₩10,000을 생산과정에 투입하다.
② 직접재료 ₩10,000을 생산과정에 투입하다.
③ 재료소비액 ₩10,000을 제조간접비계정으로 대체하다.
④ 생산과정 투입을 위해 출고된 직접 재료 ₩10,000이 되돌아오다.

07. 직접재료비가 증가하더라도 영향을 받지 않는 항목은?

① 재공품
② 제품
③ 매출원가
④ 제조간접비

08. 자동차 제조업체인 (주)강남의 회계담당자는 제조원가를 다음과 같이 분류하였다. 잘못 분류된 것을 고르면?

① 타이어 - 부품비 - 직접재료비
② 망치, 드라이버 등 소모성 비품 - 소모공구기구비품비 - 간접재료비
③ 철판 - 주요재료비 - 직접재료비
④ 볼트와 너트 - 보조재료비 - 직접재료비

09. 정상적인 원인으로 원재료에 대한 재고감모손실이 발생했을 경우 올바른 회계처리는?

① 매출원가에 가산한다.
② 매출원가에서 차감한다.
③ 판매비와관리비로 분류한다.
④ 영업외비용으로 분류한다.

10. 다음은 재료 소비량을 파악하는 방법 중 실지재고조사법을 설명하는 것으로 옳지 못한 것은?

① 재료의 출고시마다 장부를 기록해야 하는 번거로움을 피할 수 있다.

② 재료의 보관 중에 발생한 감모량도 제품의 제조에 사용된 것으로 간주된다.

③ 제품의 제조원가가 보관 중에 발생한 감모량만큼 과대 계상된다.

④ 재료의 종류가 적고 출고의 빈도가 적은 재료의 소비량을 파악하는데 알맞다.

11. 다음은 원재료의 소비단가를 결정하는 방법이다. 이중 수익비용의 대응에 있어서 가장 정확한 방법은 무엇인가?

① 후입선출법   ② 개별법

③ 이동평균법   ④ 선입선출법

12. 재료의 소비량은 계속기록법 또는 실지재고조사법에 의해 파악할 수 있다. 다음 중 실지재고조사법 하에서는 사용할 수 <u>없는</u> 원가흐름의 가정은?

① 선입선출법   ② 후입선출법

③ 총평균법   ④ 이동평균법

13. 재료의 소비수량을 계산하는 방법으로는 실지재고조사법과 계속기록법이 대표적이다. 감모량이 없는 경우, 두 방법을 적용하여도 재료비 계산 결과가 동일한 재고자산 평가 방법은 무엇인가?

① 총평균법   ② 선입선출법

③ 이동평균법   ④ 후입선출법

14. 재료의 소비량을 파악하는 방법에는 계속기록법과 실지재고조사법이 있다. 다음 중 재료의 감모수량을 파악할 수 있는 방법은?

① 실지재고조사법과 계속기록법을 병행할 경우

② 계속기록법

③ 실지재고조사법

④ 실지재고조사법과 계속기록법 각각에서 모두 파악할 수 있다.

15. 다음의 자료를 이용하여 선입선출법에 의한 1월의 재료소비액을 계산하면 얼마인가?

1/1	전 월 이 월	200개	@₩200	₩40,000
1/14	입　　　고	300개	@₩210	₩63,000
1/17	출　　　고	400개		
1/19	입　　　고	300개	@₩220	₩66,000
1/25	출　　　고	300개		

① ₩140,000
② ₩154,000
③ ₩147,000
④ ₩150,000

16. 다음은 (주)상공산업의 5월 중 재료의 입고와 출고에 대한 내역이다. 총평균법을 이용하는 경우, 재료의 5월말 재고액은 얼마인가?

　1일 : 전월이월액은 ₩80,000(수량 100개, 단가 ₩800)이다.
　8일 : 40개를 소비하다.
10일 : 100개를 단가 ₩830에 구입하다.
18일 : 80개를 소비하다.
25일 : 50개를 단가 ₩850에 구입하다.
30일 : 80개를 소비하다.

① ₩41,100
② ₩42,500
③ ₩45,500
④ ₩49,320

17. 다음은 (주)상공공업의 당월 재료와 관련된 자료이다. 분개한 재료감모손실을 회계처리한 것으로 옳은 것은?

월초 재고수량	200개	당월 매입수량	1,500개
당월 소비수량	1,400개	월말 실제수량	180개

당월 재료의 단위당 취득원가는 모두 ₩30이며, 재료감모수량 중 50개는 정상적이고, 나머지는 비정상적인 것으로 간주한다.
(주)상공공업은 재료감모손실이 발생한 사실을 알고 다음과 같은 분개를 하였다.

(차) 재 료 감 모 손 실 (   ) (대) 재   료 (   )

① (차) 제 조 간 접 비   3,600   (대) 재 료 감 모 손 실   3,600
② (차) 제 조 간 접 비   1,500   (대) 재 료 감 모 손 실   3,600
　　　손   익   2,100
③ (차) 제 조 간 접 비   2,100   (대) 재 료 감 모 손 실   3,600
　　　손   익   1,500
④ (차) 제 조 간 접 비   1,500   (대) 재 료 감 모 손 실   1,500

02 노무비

1. 노무비의 뜻과 분류

노무비란, 제품의 제조를 위하여 인간의 노동력을 소비함으로써 발생하는 원가 요소를 말한다. 본사의 사장이나 영업부의 판매사원 등에 대한 보수는 제품의 제조와 관련이 없기 때문에 노무비로 분류하지 않고 판매비와 관리비로 분류한다.

(1) 지급형태에 따른 분류

　① **임금** : 작업현장에 직접 종사하는 생산직 종업원에게 지급하는 보수
　② **급료** : 공장장, 제조부문의 감독자나 공장사무원에게 지급하는 보수
　③ **잡급** : 정규직 직원이 아닌 임시로 고용된 공장 노무자에게 지급하는 보수
　④ **종업원상여수당** : 공장 종업원에게 정규적으로 지급되는 상여금과 수당

(2) 추적가능성(제품관련성) 따른 분류

　① **직접노무비** : 특정 제품의 제조에만 작업하는 종업원에 대한 임금
　　　　　　　　　　(생산라인 근로자의 임금)
　② **간접노무비** : 여러제품 제조에 소비되어 추적이 불가능한 노무비
　　　　　　　　　　(공장장 또는 감독자의 급여)

2. 노무비의 계산

노무비 계산은 기업에서 종업원이 제공하는 노동력의 구입액을 계산하는 지급임금 계산과 구입된 노동력의 소비액을 계산하는 소비임금계산이 있다.

기본급 + 할증급 + 각종수당 = 개인별임금총액

(1) 지급임금의 계산

지급임금이란 기업이 노동력을 구입한 대가를 말한다. 지급임금 계산방법에는 시간급제와 성과급제 등이 있다.

　① **시간급제** : 시간급제에서는 노무비를 작업 시간 수에 작업 시간당 임률을 곱하여 계산한다.

작업 시간 수 × 작업 시간당 임률 = 노무비

㉠ 작업시간의 계산 : 종업원의 정확한 실제작업시간은 현장의 작업시간보고서를 바탕으로 계산한다.

작업 시간 보고서

20××년 ×월 ×일

№ _____

제조지시서번호 : _____   작업자 : _____

작업명	시작 시간	종료 시간	수행 시간	임 률	금 액

㉡ 임률의 계산 : 개별임률은 각 개인의 근무 연수, 숙련 정도 등에 따라 각각 다르게 결정된다. 따라서 개별임률을 이용하면 계산이 번거롭기 때문에 평균 임률을 많이 사용하고 있다. 평균임률은 원가계산기간(통상 1개월)의 총 임금 지급액을 원가 계산 기간의 총작업시간수로 나누어 계산한다.

$$\frac{1\text{개월의 총임금지급액}}{1\text{개월간의 총작업시간수}} = \text{평균임률}$$

② 성과급제 : 성과급제에서는 노무비를 제품 생산량에 제품 1단위당 임률을 곱하여 계산한다.

제품 생산량 × 제품 1 단위당 임률 = 노무비

㉠ 생산량의 계산 : 종업원별로 작업량 보고서를 작성하여 생산량을 계산한다.

작업량 보고서

20××년 ×월 ×일

№ _____

작업자 : _____

작업명 또는 제조지시서	작업량			임 률	금 액	시 간
	총수량	합격	불합격			

㉡ 임률의 계산

$$\frac{1\text{개월의 총임금지급액}}{1\text{개월간의 총생산량}} = \text{평균임률}$$

3. 임금 지급과 노무비소비 분개

구 분	차 변	대 변
① 급여(임금) 지급시	급 여 (임 금)　　×××	현　　　　　금　　××× 소 득 세 예 수 금　　×××
② 노무비 발생시	노　　　무　　　비　　×××	급 여 (임 금)　　×××
③ 노무비 소비시	재　공　품　　××× 제 조 간 접 비　　×××	노　　무　　비　　×××

임　금

전 월 임 금 선 급 액	×××	전 월 임 금 미 지 급 액	×××
당 월 임 금 총 지 급 액	×××	당 월 임 금 소 비 액	×××
당 월 임 금 미 지 급 액	×××	**당 월 임 금 선 급 액**	×××
	×××		×××

▣ 원가계산준칙 제10조(노무비계산)

① 노무비는 그 지급기준에 기초하여 당해기간에 실제로 발생한 비용을 집계하여 계산한다.

② 작업시간 또는 작업량에 비례하여 발행하는 노무비는 실제작업시간 또는 실제작업량에 임율을 곱하여 계산한다. 이 경우 임율은 개별임율 또는 평균임율에 의한다.

③ 상여금 또는 특별수당 등과 같이 월별·분기별로 지급금액 또는 지급시기가 일정하지 아니한 노무비는 회계연도중의 원가계산기간에 안분하여 계산한다.

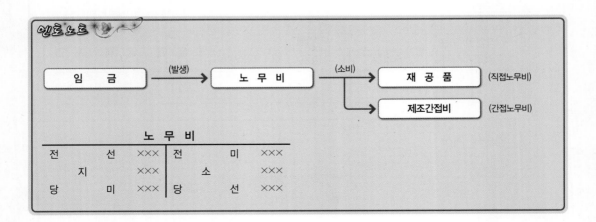

01. 제일공업의 3월 중 노무비에 관한 자료에 의하여 분개를 하고, 아래 계정에 전기하시오.

(1) 당월분 임금 지급액		
당월분 임금총지급액		₩ 2,000,000
차감액 : 소 득 세	₩50,000	
의료보험료	30,000	80,000
차감지급액(현금)		1,920,000

(2) 당월분 노무비 발생액 ₩2,100,000

(3) 노무비 발생액 중 ₩1,500,000은 직접노무비로 잔액은 간접노무비로 소비하다.

구 분		차 변	대 변
(1)	임금 지급시		
(2)	노무비 발생시		
(3)	노무비 소비시		

임 금	
	전 월 이 월 200,000

재 공 품

노 무 비

제조간접비

02. 다음 자료에 의하여 평균임률을 계산하고, A제품에 부과되는 노무비를 계산하시오.

임금지급총액	₩3,200,000
총작업시간	1,000시간
A제품 생산에 소비된 작업시간	600시간

평균임률	
A제품에 부과되는 노무비	

03. 금월 중의 총 임금 지급액이 ₩800,000이고 금월 중 총 생산량이 200개이다. 이 중에서 A제품 생산량이 50개 일때, 평균임률과 A제품에 부과하여야 할 노무비는 얼마인가? (임률은 총 임금 지급액을 총 생산량으로 나눈 평균 임률에 따라서 계산한다.)

평균임률	
A제품에 부과되는 노무비	

01. 다음 중 직접 노무비에 해당하는 것은?

① 수리공의 임금   ② 청소원의 잡금

③ 생산직 종업원의 임금   ④ 경비원의 임금

02. 다음 자료에 의하여 전월분 임금 미지급액을 추정하여 계산하면 얼마인가?

당월 임금 지급액	₩90,000
당월 임금 발생액	₩80,000
당월 임금 미지급액	₩20,000

① 10,000   ② 20,000

③ 30,000   ④ 40,000

03. 다음 자료를 이용하여 당월의 노무비 지급액을 구하면 얼마인가?

전월말 노무비 미지급액	₩10,000
당월말 노무비 미지급액	12,000
당월 노무비 발생액	110,000

① ₩108,000   ② ₩120,000

③ ₩102,000   ④ ₩112,000

04. 다음 중 임금계정의 설명 중 옳은 것은?

임		금			
제 좌	500,000	전 월 이 월			20,000
차 월 이 월	120,000	노 무 비			600,000
	620,000				620,000

① 당월의 임금미지급액은 ₩20,000이다.

② 전월의 임금 미지급액은 ₩120,000이다.

③ 당월의 임금 소비액은 ₩500,000이다.

④ 당월의 임금 발생액은 ₩600,000이다

05. 직접노무비의 선급액은 없다고 가정할 때 다음 중 직접노무비 당기발생액의 계산식으로 맞는 것은?

① 당기지급액 + 전기미지급액

② 당기지급액 + 당기미지급액

③ 당기지급액 - 당기미지급액 + 전기미지급액

④ 당기지급액 + 당기미지급액 - 전기미지급액

06. 제조부문에서 발생하는 노무비에 대한 설명으로 옳지 않은 것은?

① 직접비와 간접비로 나뉜다.

② 직접노무비는 기초원가와 가공원가 모두에 해당한다.

③ 간접노무비는 제조간접비에 반영된다.

④ 발생된 노무비 중 미지급된 노무비는 원가에 반영되지 않는다.

07. 다음 설명 중 잘못된 것은?

① 주요 재료와 부분품의 소비는 직접재료비를 구성한다.

② 재료의 감모손실이 없을 때 선입선출법을 이용한다면 계속기록법과 실지재고조사법에
서의 재료소비액은 동일하게 계산된다.

③ 상여금 또는 특별수당과 같이 월별, 분기별로 지급금액 또는 지급시기가 일정하지 않은
노무비는 회계연도 중 그 지급한 월 또는 분기의 노무비로 원가계산 한다.

④ 작업량에 비례하여 발생하는 노무비는 실제작업량에 임률을 곱하여 계산한다.

08. (주)세무는 7월에 근로자 A에게 노무비 100,000원을 현금지급하였고, 근로자 B에게는 노무비
30,000원을 미지급하였다. 근로자 A에게 지급한 노무비 중 선급노무비 50,000원이 포함되어 있다
면 (주)세무가 7월에 인식해야 할 회사 전체 노무비 발생액은 얼마인가?

① 20,000원

② 120,000원

③ 80,000원

④ 180,000원

09. 당월의 노무비 발생액은 ₩180,000이다. 이중 직접비는 ₩120,000이고 간접비는 ₩60,000일 때 적절한 분개는?

　① (차) 재　　　공　　　품　　120,000　　(대) 노　　　무　　　비　　180,000
　　　　　　제　조　간　접　비　　60,000
　② (차) 재　　　공　　　품　　　60,000　　(대) 노　　　무　　　비　　180,000
　　　　　　제　조　간　접　비　120,000
　③ (차) 재　　　공　　　품　　180,000　　(대) 노　　　무　　　비　　180,000
　④ (차) 제　조　간　접　비　180,000　　(대) 노　　　무　　　비　　180,000

10. 당월 노무비 소비액 ₩100,000 중 ₩70,000은 A제품 조립공의 임금이며, ₩30,000은 공장 전체의 기계장치를 수리하는 수선공의 임금이다. 원가를 추적가능성(제품과의 관련성)에 따라 분류할 때 기계장치 수선공의 임금은 어떤 원가로 분류될 수 있는가?

　① 직접원가　　　　　　　　　　　② 가공원가
　③ 기초원가　　　　　　　　　　　④ 간접원가

11. 금월 중의 총 임금 지급액이 ₩240,000이고 금월 중 총 생산량이 30,000개이다. 이 중에서 A제품 생산량이 10,000개 일때, 제품 A에 부과하여야 할 노무비는 얼마인가? (임률은 총 임금 지급액을 총 생산량으로 나눈 평균 임률에 따라서 계산한다.)

　① ₩40,000　　　　　　　　　　② ₩80,000
　③ ₩20,000　　　　　　　　　　④ ₩100,000

12. 공장에서 근무하고 있는 생산부장의 급여와 본사에 근무하고 있는 인사부장의 급여에 관한 설명 중 옳은 것은?

　① 생산부장의 임금은 제조원가이고, 인사부장의 급여는 판매관리비이다.
　② 생산부장의 임금은 직접노무비이고, 인사부장의 급여는 간접노무비이다.
　③ 생산부장의 임금은 기초원가이고, 인사부장의 급여는 가공비이다.
　④ 생산부장의 임금은 제조원가이고, 인사부장의 급여는 영업외비용이다.

03 제조경비

1. 제조경비의 뜻

제조경비란, 제품의 제조를 위하여 소비되는 원가 중에서 재료비와 노무비를 제외한 기타의 모든 원가 요소를 말한다. 공장 건물의 감가상각비는 제조경비이지만 본사 건물의 감가상각비는 판매비와 관리비이다. 이처럼 제조경비의 대부분은 판매비와관리비와 같은 계정과목을 사용한다. 제조경비 중에서 외주가공비·특허권사용료·특정제품설계비 등은 제조직접비로 처리하며, 이를 특별비라고 한다.

2. 제조경비의 분류

(1) 발생형태에 따른 경비의 분류

제조경비는 발생형태에 따라 보험료, 임차료, 감가상각비, 세금과공과, 특허권사용료, 전력비, 가스수도비, 수선비, 운반비, 소모품비, 재료감모손실 등으로 분류한다.

(2) 추적가능성(제품과의 관련성)에 따른 경비의 분류

① **직접제조경비** : 특정 제품의 제조에 직접적으로 소비된 외주가공비, 특허권사용료, 특정제품설계비 등이 있다.

② **간접제조경비** : 여러 제품 제조에 공통적으로 소비된 경비로 대부분의 제조경비가 여기에 해당 한다.

(3) 소비액 계산 방법에 따른 경비의 분류

제조경비는 제조원가에 산입하는 방법에 따라 월할제조경비, 측정제조경비, 지급제조경비, 발생제조경비로 분류한다.

> ▣ 원가계산준칙 제11조(경비의 계산)
> ① 경비는 제조원가중 재료비와 노무비를 제외한 모든비용을 포함하고 그 내용을 표시하는 적절한 세부과목으로 구분하여 기재한다.
> ② 경비는 당해기간에 실제로 발생한 비용을 집계하여 계산한다.
> ③ 시간 또는 수량에 비례하여 발행하는 경비는 실제시간 또는 실제수량에 단가를 곱하여 계산한다.

3. 제조경비의 소비액 계산

(1) 월할제조경비

제조경비의 발생액이나 지급액이 1년 또는 6개월 등과 같이 여러원가계산 기간에 걸쳐 총액이 정해져 있을 때 이것을 달수로 나누어 소비액을 결정 한다. 임차료, 보험료, 감가상각비, 세금과공과(재산세), 특허권사용료 등이 이에 속하며, 제조경비월할표에 의하여 소비액을 계산한다.

$$\text{발생액 또는 지급액} \div \text{해당 개월 수} = \text{당월소비액}$$

(2) 측정제조경비

원가계산 기간 중의 소비량을 계량기의 검침(측정)에 의하여 실제소비액을 계산한다. 전력비, 가스수도료 등이다. 경비의 소비액은 원가 계산일의 검침에 의하여 경비측정표를 작성, 그 달의 소비액을 계산 한다.

$$\text{당월사용량(당월검침량 − 전월검침량)} \times \text{단위당원가} = \text{당월소비액}$$

(3) 지급제조경비

실제지급액을 그 원가계산 기간의 소비액으로 계산하는 것으로, 운반비, 보관료, 여비교통비, 수선비, 외주가공비 등이 있으며, 미지급분이나 선급분이 있으면 이들을 가감해야 하고, 경비지급표에 의하여 소비액을 계산 한다.

$$\text{당월지급액} + \text{(전월선급액 + 당월미지급액)} − \text{(전월미지급액 + 당월선급액)} = \text{당월소비액}$$

제조경비

전 월 선 급 액	전 월 미 지 급 액
당 월 지 급 액	당 월 소 비 액
당 월 미 지 급 액	**당 월 선 급 액**

(4) 발생제조경비

현금의 지출과 무관하게 실제 발생액에 의하여 소비액을 계산한다. 재료감모손실, 반품차손비, 파손비 등이 있다. 정상적 원인에 의한 재료감모손실은 매출원가에 가산하기 위해 제조간접비계정에 비정상적 원인에 의한 재료감모손실은 영업외비용으로 손익계정에 대체한다.

$$\text{당월말 재료장부재고액} − \text{당월말 재료실제재고액} = \text{재료감모손실 발생(소비)액}$$

4. 제조경비의 회계처리

구 분	차 변	대 변
(1) 경비 지급시	경 비 ×××	현 금 ×××
(2) 경비 발생시	제 조 경 비 ××× 월 차 손 익 ×××	경 비 ×××
(3) 제조경비 소비시	재 공 품 ××× 제 조 간 접 비 ×××	제 조 경 비 ×××

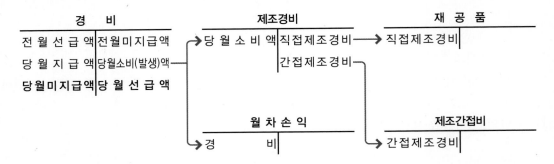

■ **원가계산준칙 제12조(외주가공비의 계산)**

① 당기제품제조와 관련하여 발생한 외주가공비는 당해기간에 실제로 발행한 비용을 집계하여 계산한다.

② 외주가공비는 그 성격에 따라 재료비 또는 경비에 포함하여 계상할 수 있으며, 그 금액이 중요한 경우에는 별도의 과목으로 기재할 수 있다.

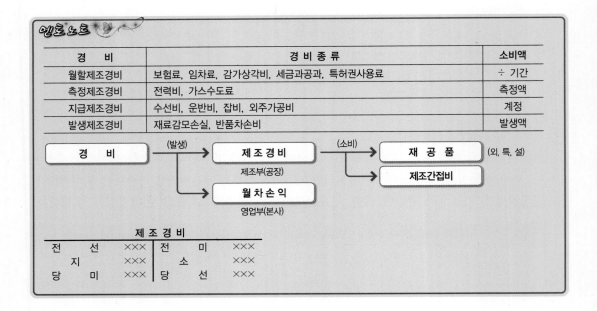

경 비	경 비 종 류	소비액
월할제조경비	보험료, 임차료, 감가상각비, 세금과공과, 특허권사용료	÷ 기간
측정제조경비	전력비, 가스수도료	측정액
지급제조경비	수선비, 운반비, 잡비, 외주가공비	계정
발생제조경비	재료감모손실, 반품차손비	발생액

01. 다음 제조경비를 소비액계산방법에 따라 분류 기입하시오.

① 임차료	② 차량유지비	③ 외주가공비
④ 수선비	⑤ 가스수도비	⑥ 재료감모손실
⑦ 보험료	⑧ 복리후생비	⑨ 특허권사용료
⑩ 운반비	⑪ 감가상각비	⑫ 세금과공과
⑬ 전력비	⑭ 공손비	

(1) 월할제조경비	
(2) 측정제조경비	
(3) 지급제조경비	
(4) 발생제조경비	

02. 다음 자료를 이용하여 소비액계산방법에 따라 경비를 분류하고, 10월 중의 제조경비 발생액을 계산 하시오.

(1) 연초에 공장기계에 대한 1년치 화재 보험료 ₩360,000을 지급하였으며, 화재보험료는 월별로 균등하게 배분한다.

(2) 10월초의 전기 계량기 검침량은 1,200kWh이였고, 10월말의 검침량은 2,000kWh이었 다. 1kWh당 전기 사용료는 ₩100이다.

(3) 10월중에 수선비 ₩40,000을 지급하였다. 수선비 전월 미지급액은 ₩20,000이며, 당 월 미지급액은 ₩40,000이다.

(4) 10월중에 재료 감모손실 ₩4,000이 발생하였는데, 이중에서 정상적인 요인으로 ₩3,000, 비정상적인 요인으로 ₩1,000이 발생한 것으로 판명되었다. 정상적인 감모 손실은 제조경비에 포함되며, 비정상적 감모손실은 영업외 비용으로 처리된다.

구분	경 비 분 류	제 조 경 비 발 생 액
(1)		
(2)		
(3)		
(4)		

03. 천광산업(주)의 제조경비에 관한 자료는 다음과 같다. 당월의 제조경비 발생액을 계산하여라. 단, 원가계산 기간은 1개월이며, 외주가공비와 재료감모손실을 제외한 모든 제조경비는 공장에 60%, 본사 40%의 비율로 할당한다.

(1) 감 가 상 각 비 : 건물취득원가 ₩600,000 정액법, 내용연수 10년, 잔존가액 ₩0
(2) 보 험 료 : 6개월분 지급액 ₩300,000
(3) 전 력 비 : 전월검침량 2,000kWh   당월검침량 2,400kWh   kWh당가격 ₩200
(4) 가 스 수 도 비 : 당월지급액 ₩150,000   당월측정액 ₩180,000
(5) 외 주 가 공 비 : 당월 지급액 ₩20,000   전월 미지급액 ₩5,000
　　　　　　　　　　당월 미지급액 ₩3,000
(6) 수 선 비 : 당월지급액 ₩200,000   전월선급액 ₩50,000
　　　　　　　당월선급액 ₩30,000
(7) 재 료 감 모 손 실 : 장부재고액 ₩80,000   실제재고액 ₩65,000(정상적감모손실)

제조경비항목	소 비 액	공 장		본 사
		직접제조경비	간접제조경비	
감 가 상 각 비				
보 험 료				
전 력 비				
가 스 수 도 비				
외 주 가 공 비				
수 선 비				
재 료 감 모 손 실				
합 계				

[합계분개]

차변과목	금 액	대변과목	금 액

01. 다음 중 직접제조경비에 해당하지 <u>않은</u> 것은?

① 외주가공비   ② 특허권사용료

③ 재료감모손실   ④ 특정제품의 설계비

02. (주)상공산업의 다양한 종류의 제품을 생산하고 있다. 다음의 제조원가 항목 중 직접비가 <u>아닌</u> 것은?

① 공장부지의 재산세

② 외주가공비

③ 자가제조 부분품비

④ 생산라인 근로자의 임금

03. 다음 제조경비 분류항목의 예를 나열한 것 중 옳은 것은?

① 월할제조경비 : 복리후생비, 수선비

② 측정제조경비 : 감가상각비, 보험료, 임차료

③ 지급제조경비 : 전력비, 수도료, 가스료

④ 발생제조경비 : 재료감모손실, 공손비

04. 제조원가의 산입방법에 따라 경비는 월할 경비, 측정 경비, 지급 경비, 발생 경비 등으로 구분할 수 있는데, 그 중 월할 경비만으로 짝지어진 것은?

① 가스수도비 – 수선비

② 감가상각비 – 임차료

③ 보험료 – 전력비

④ 수선비 – 세금과 공과

05. 다음 설명 중 옳은 것은?

① 측정제조경비란 보험료, 임차료, 감가상각비, 세금과공과 등과 같이 일시에 지급하는 제조경비를 말한다.

② 발생제조경비란 재료감모손실 등과 같이 현금의 지출이 없이 발생하는 제조경비를 말한다.

③ 월할제조경비란 수선비, 운반비, 잡비 등과 같이 매월의 소비액을 그 달에 지급하는 제조경비를 말한다.

④ 지급제조경비란 전기료, 수도료 등과 같이 계량기에 의해 소비액을 측정할 수 있는 제조경비를 말한다.

06. 다음 자료에 의하여 제조경비에 해당하는 당월 전력비 소비액을 계산하면 얼마인가?

> 당월 지급액 ₩ 300,000
> 당월 측정액 ₩ 250,000
> 당월 발생액 중 (제조부 60%, 영업부 40%)

① ₩ 100,000   ② ₩ 120,000
③ ₩ 150,000   ④ ₩ 180,000

07. 다음 자료를 보고 원가계산시 당월의 전력비 소비액을 계산하면?

> 전월말 전력사용 검침량 :   1,500Kwh
> 전월중 전력비 납부액 :   18,000원
> 당월말 전력사용 검침량 :   2,000Kwh
> 당월중 전력비 납부액 :   23,000원
> 1Kwh당 전력비 :   50원

① 5,000원   ② 18,000원
③ 23,000원   ④ 25,000원

08. 수선비에 대한 자료가 다음과 같다. 당월의 수선비 소비액은 얼마인가?

> 당월지급액   5,000원   당월미지급액   4,000원
> 당월선급액   3,000원   전월선급액   2,000원
> 전월미지급액   1,000원

① 4,000원   ② 5,000원
③ 6,000원   ④ 7,000원

09. 당월 차량유지비 현금 지급액이 ₩100,000, 전월선급액이 ₩20,000, 당월미지급액이 ₩50,000인 경우 당월 제조경비에 반영될 차량유지비 소비액은 얼마인가?

① ₩70,000   ② ₩100,000
③ ₩130,000   ④ ₩170,000

제4장

원가배분

01 원가배분의 기초개념

1. 원가배분의 뜻

원가배분(cost allocation)이란 공통적으로 발생한 원가를 집계하여 합리적인 배분기준에 따라 원가대상에 부과하는 과정을 말한다. 원가대상이란 개별적으로 원가를 측정할 필요가 있는 항목을 의미하고 부문·제품·활동·프로젝트 등을 말한다.

2. 원가배분의 목적

(1) 외부보고를 위하여 재고자산을 평가하고 매출원가를 계산하는 목적이다.

원가회계의 기본적인 목적은 외부공표용 재무제표를 작성하는 것이므로 제조활동과 관련하여 발생한 원가를 재공품, 제품, 매출원가에 배분하여야 한다.

(2) 경영자의 의사결정에 유용한 정보를 제공하는 목적이다.

경영자가 신제품의 개발여부를 결정하고자 할 때 제품의 제조원가 이 외에도 연구개발, 마케팅, 고객서비서 등 관련된 원가를 통합적으로 고려하기 위해 관련된 원가를 배분한다.

(3) 부문책임자나 종업원들의 성과평가를 위한 목적이다.

원가를 얼마나 효율적으로 통제하였는지를 알기위해 관련된 원가를 각 부문이나 활동별로 배분한다.

(4) 계약금액의 결정을 위한 목적이다.

최저입찰가격 결정이나 원가보상계약에 따른 원가산정을 위해서는 기업은 원가를 보상받고 이익이 보장되는 가격을 결정하여야 한다. 이러한 가격을 계산하기 위하여 원가를 배분하여야 한다.

3. 원가배분 과정

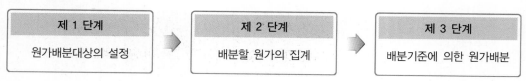

제 1 단계	제 2 단계	제 3 단계
원가배분대상의 설정	배분할 원가의 집계	배분기준에 의한 원가배분

4. 원가배분의 기준

(1) 인과관계기준

발생된 공통비와 원가대상 간에 밀접한 인과관계가 존재하는 경우에는 그 인과관계를 기준으로 원가를 배분하는 것으로서 가장 이상적인 방법이다.

부문공통비	배부기준
간 접 재 료 비	각 부문의 직접 재료비
간 접 노 무 비	각 부문의 직접 노무비, 종업원수, 직접노동시간
감 가 상 각 비	기계 : 기계가격, 기계사용시간 건물 : 면적
전 력 비 (동 력 비)	전력사용량, 마력 × 운전시간
가 스 수 도 비	가스 수도 사용량
수 선 비	수선횟수, 수선시간
복 리 후 생 비	종업원수
운 반 비	운반물품의 무게, 운반 거리, 운반 횟수

(2) 수혜기준

배분하려고 하는 원가로부터 원가대상에 제공된 경제적효익을 측정할 수 있는 경우 경제적효익의 크기에 따라 원가를 배분하는 기준으로 수익자부담기준이라고도 한다.

(3) 부담능력기준

발생된 공통비를 부담할 수 있는 능력에 따라 원가를 배분하는 기준이다.

(4) 공정성과 공평성기준

원가대상에 원가를 배분할 때 공정하고 공평하게 하여야 한다는 기준이다.

완료노트

[배부기준]
• 건물 – 면적
• 기계 – 기계사용시간, 가격
• 동력비 – 마력 × 운전시간

01. 다음은 원가배분기준에 대한 설명이다. 알맞은 용어를 찾아 (　　)에 기입하시오.

ⓐ 부담능력기준	ⓑ 공정성과 공평성기준
ⓒ 인과관계기준	ⓓ 수혜기준

(1) 특정원가를 원가배분대상에 대응시키는 가장 이상적인 배분기준 ··············· (　　)

(2) 수익자부담원칙으로 경제적 효익의 정도에 비례하여 원가를 배분하는 기준··· (　　)

(3) 발생된 공통비를 부담할수 있는 능력에 따라 원가를 배분하는 기준으로 상대적판매가
치법, 순실현가치법에 의한 원가배분방법이 대표적인 예이다. ··············· (　　)

(4) 원칙을 강조하는 배부기준에 대한 포괄적인 원칙 ······························· (　　)

02. 다음의 보기에서 원가항목의 가장 적절한 배부기준을 찾아 (　　)에 기입하시오.

ⓐ 종업원수	ⓑ 기계가격	ⓒ 직접재료비
ⓓ 운반횟수	ⓔ 전력사용량	ⓕ 직접노동시간
ⓖ 면적	ⓗ 수선횟수	

(1) 간접재료비··· (　　)

(2) 간접노무비··· (　　)

(3) 건물감가상각비··· (　　)

(4) 기계보험료··· (　　)

(5) 전력비··· (　　)

(6) 수선비··· (　　)

(7) 복리후생비··· (　　)

(8) 운반비··· (　　)

(9) 건물임차료··· (　　)

section 검정문제 4-1

01. 다음의 괄호에 들어갈 적당한 말은?

> (   )이란 원가집합에 집계된 공통원가 또는 간접원가를 합리적인 배부기준에 따라 원가대상에 대응시키는 과정을 말한다.

① 원가대상 　　　　　　　② 원가배분
③ 원가집합 　　　　　　　④ 원가대응

02. (주)태양이 전력비를 원가대상에서 사용한 전력량을 기준으로 전력비를 배분하였다면 원가배분 기본 원칙과 가장 관계가 깊은 기준은 어떤 기준(근거)에 의하여 원가발행이라는 원인을 수행한 것인가?

① 인과관계기준 　　　　　② 수혜기준(수익자 부담기준)
③ 부담능력기준 　　　　　④ 공정성과 공평성기준

03. 다음 중 보조부문원가를 제조부문에 배분할 때 고려하여야 할 원칙으로 가장 적절하지 않은 것은?

① 통계적 상관관계 　　　　② 인과관계
③ 부담능력 　　　　　　　④ 혜택관계

04. 다음 중 부문 간접비인 기계감가상각비의 배부기준으로 적합한 것은?

① 각 부문의 종업원 수 　　② 각 부문의 기계사용 시간
③ 각 부문의 전력 소비량 　④ 각 부문의 수선 횟수

05. 공장건물 임차료를 각 부문에 배부하는 기준으로 가장 적당한 것은?

① 각 부문의 점유면적 　　　② 각 부문의 작업인원수
③ 각 부문의 작업시간 　　　④ 각 부문의 직접재료비

06. 다음 중 공장에서 사용 중인 기계장치에 대한 감가상각비 배분기준으로 가장 적절한 것은?

① 재공품 비율 　　　　　　② 면적 비율
③ 기계사용시간 비율 　　　④ 취득원가 비율

07. (주)대한상사는 20×1년도 상반기 영업실적이 좋아 기업 전사원에게 복리후생비를 지급하려 한다. 이 기업은 기업본사부서 뿐만 아니라 공장 지점, 영업소에도 전사원에게 균등하게 복리후생비를 지급하려고 한다. 기업 전체의 복리후생비를 각 본사와 지사에 배부하기 위한 기준으로 가장 적합한 것은?

① 각 지사의 전력소비량　　　　　② 각 지사의 연료소비량
③ 각 지사의 면적　　　　　　　　④ 각 지사의 종업원 수

08. A사는 많은 기업들이 입주해 있는 건물을 관리하고 있다. 경비담당 직원들은 모든 입주기업들의 사무실 및 건물전체를 경비를 맡고 있다. 건물 전체의 경비업무 수수료를 각 기업에 배부하기 위한 기준으로 가장 적합한 것은?

① 각 입주기업의 직원 수　　　　　② 각 입주기업의 임대 면적
③ 각 입주기업의 전력사용량　　　　④ 각 입주기업의 근무시간

09. 생산자동화가 잘 이루어져 있는 공장에서 여러 가지 제품을 동시에 생산할 때 제조간접비를 재공품으로 배부하기 위한 기준으로 가장 적합한 것은?

① 직접노무시간　　　　　　　　② 직접노무비
③ 기계시간　　　　　　　　　　④ 원자재 투입금액

10. 원가배분은 일반적으로 3단계 과정을 거친다. 다음 중 원가배분의 과정을 순차적으로 가장 적절히 나열한 것은?

> (가) 간접원가를 제품에 배분
> (나) 직접원가를 원가대상에 추적
> (다) 한 원가대상(부문)에서 다른 원가대상(부문)으로 원가를 배분 또는 재배분

① (나) → (다) → (가)　　　　　② (가) → (나) → (다)
③ (다) → (나) → (가)　　　　　④ (나) → (가) → (다)

02 제조간접비 배부

1. 제조간접비의 뜻

제조간접비는 간접재료비, 간접노무비, 간접제조경비, 등과 같이 두 종류 이상의 제품을 제조하기 위하여 공통적으로 발생하는 원가 요소를 말한다. 제조간접비는 각 제품별로 추적하여 부과할 수 없기 때문에 일정한 배부기준에 따라 집계된 제조간접비를 여러 제품에 배부하게 된다.

2. 제조간접비 배부방법

(1) 실제배부법

실제배부법이란 원가계산 기말에 실제로 발생한 제조 간접비를 각 제품에 배부하는 방법으로 가액법, 시간법, 수량법 등이 있다.

① 가액법 : 직접재료비법, 직접노무비법, 직접원가법 등이 있다.

⊙ 직접재료비법	$\dfrac{\text{1개월간의 제조간접비총액}}{\text{1개월간의 직접재료비총액}}$ = 제조간접비배부율
	각 제품의 직접재료비 × 제조간접비 배부율 = 제조간접비 배부액
ⓒ 직접노무비법	$\dfrac{\text{1개월간의 제조간접비총액}}{\text{1개월간의 직접노무비총액}}$ = 제조간접비배부율
	각 제품의 직접노무비 × 제조간접비 배부율 = 제조간접비 배부액
ⓒ 직접원가법	$\dfrac{\text{1개월간의 제조간접비총액}}{\text{1개월간의 직접원가총액}}$ = 제조간접비배부율
	각 제품의 직접원가 × 제조간접비 배부율 = 제조간접비 배부액

② 시간법 : 직접노동시간법, 기계작업시간법 등이 있다.

⊙ 직접노동시간법	$\dfrac{\text{1개월간의 제조간접비총액}}{\text{1개월간의 직접노동시간수}}$ = 제조간접비배부율
	각 제품의 직접노동시간수 × 제조간접비 배부율 = 제조간접비 배부액
ⓒ 기계작업시간법	$\dfrac{\text{1개월간의 제조간접비총액}}{\text{1개월간의 기계작업시간수}}$ = 제조간접비배부율
	각 제품의 기계작업시간수 × 제조간접비 배부율 = 제조간접비 배부액

(2) 예정배부법

연초에 미리 예정배부율을 산정해 두었다가 제품이 완성되면 이 예정배부율을 사용하여 각
제품에 배부할 제조간접비를 결정하는 방법을 예정배부법이라 한다. 예정배부법에서는 월말
까지 기다리지 않고도 제품의 제조원가를 월중에 신속하게 계산할 수 있다.

$$\frac{제조간접비\ 연간예상액}{배부기준의\ 연간예상액} = 제조간접비배부율$$

각 제품의 배부기준 실제발생액 × 제조간접비 예정배부율 = 제조간접비 예정배부액

구 분	차 변	대 변
① 제조간접비 예정 배부시	재 공 품 ×××	제 조 간 접 비 ×××
② 제조간접비 실제 발생액	제 조 간 접 비 ×××	재 료 비 ××× 노 무 비 ××× 제 조 경 비 ×××
③ 과소배부 차이 (실제 〉 예정)	제조간접비배부차이 ×××	제 조 간 접 비 ×××
④ 과대배부 차이 (실제 〈 예정)	제 조 간 접 비 ×××	제조간접비배부차이 ×××

(3) 제조간접비 배부차이 처리

① **매출원가처리법** : 제조간접비배부차이를 매출원가계정에 대체한다.

② **안분법** : 제조간접비배부차이를 재공품, 제품, 매출원가계정에 총원가 또는 간접원가의
금액에 비례하여 안분한다.

> ▣ **원가계산준칙 제13조 【예정가격 등의 적용 특례】**
> 제8조의 규정에 불구하고 제조원가는 재료의 가격, 임률 및 경비를 예정가격 또는 예정액으로 계산
> 할 수 있으며, 제조간접비는 예정배부율을 적용하여 계산할 수 있다.

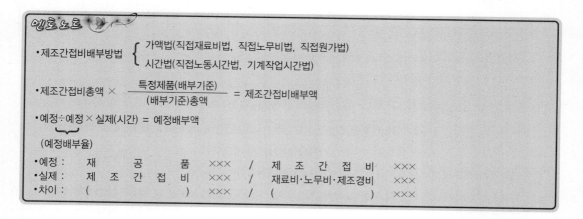

멘토노트

• 제조간접비배부방법 { 가액법(직접재료비법, 직접노무비법, 직접원가법)
시간법(직접노동시간법, 기계작업시간법)

• 제조간접비총액 × $\dfrac{특정제품(배부기준)}{(배부기준)총액}$ = 제조간접비배부액

• 예정 ÷ 예정 × 실제(시간) = 예정배부액
　　(예정배부율)

• 예정 :　재　　공　　품　×××　/　제 조 간 접 비　×××
• 실제 :　제 조 간 접 비　×××　/　재료비·노무비·제조경비　×××
• 차이 :　(　　　　　)　×××　/　(　　　　　)　×××

01. 다음 자료에 의하여 직접재료비법으로 제조간접비 배부율과 A제품의 제조간접비배부액을 계산하시오.

    (1) 당월 제조간접비 총액   ₩200,000
    (2) 당월 직접재료비 총액   ₩2,000,000
    (3) 당월 A제품의 직접재료비 ₩ 800,000

(1) 배부율	
(2) A제품 제조간접비 배부액	

02. 다음 자료에 의하여 직접노무비법으로 제조간접비 배부율을 구하고, A제품에 대한 제조간접비 배부액과 제조원가를 계산하시오.

    (1) 1개월 제조간접비 총액   ₩240,000
    (2) 동 기간의 직접재료비 총액   ₩600,000   (A제품 ₩400,000   B제품 ₩200,000)
    (3) 동 기간의 직접노무비 총액   ₩300,000   (A제품 ₩180,000   B제품 ₩120,000)

(1) 배부율	
(2) A제품 제조간접비 배부액	
(3) A제품 제조원가	

03. 다음 자료에 의하여 직접원가법으로 제조간접비 배부율을 계산하고, A제품에 대한 제조간접비 배부액과 제조원가를 계산하시오.

    (1) 당월제조간접비 총액   ₩180,000
    (2) 동 기간의 직접재료비 총액   ₩600,000   (A제품 ₩400,000   B제품 ₩200,000)
    (3) 동 기간의 직접노무비 총액   ₩300,000   (A제품 ₩180,000   B제품 ₩120,000)

(1) 배부율	
(2) A제품 제조간접비 배부액	
(3) A제품 제조원가	

04. 다음 자료에 의하여 직접노동시간법과 기계작업시간법으로 제조간접비 배부율과 갑제품에 대한 제조간접비 배부액을 계산하시오.

(1) 당월의 제조간접비 총액   ₩300,000
(2) 당월의 직접노동시간수   1,000시간 (갑제품 400시간)
(3) 당월의 기계작업시간수   600시간 (갑제품 200시간)

구 분	배 부 율	갑제품 제조간접비 배부액
직접노동시간법		
기계작업시간법		

05. (주)대한은 작업시간을 기준으로 제조간접비를 예정배부하고 있다. 제12기 중 제조간접비 예산은 ₩800,000, 예정작업시간은 5,000시간으로 설정하였다. 제조지시서 No.8의 예정작업시간은 200시간이나 실제작업시간은 180시간이었다. 제조지시서 No.8에 배부될 제조간접비는 얼마인가?

(1) 예정 배부율	
(2) №8 제조간접비 예정배부액	

06. 다음 자료에 의하여 제조간접비 배부액과 제조원가를 구하시오. 단, 제조간접비는 기계작업시간을 기준으로 예정배부한다.

제조간접비 총액(예정)	3,000,000원
실제 기계작업시간	8,000시간
직접재료비	4,000,000원
예정 기계작업시간	10,000시간
직접노무비	1,500,000원

(1) 예정 배부율	
(2) 제조간접비 예정배부액	
(3) 제조원가	

07. 다음 거래를 분개하여 각 계정에 전기하고 마감 하시오.

(1) 당월 제조간접비 예정배부액은 ₩14,000이다.

(2) 월말에 집계한 제조간접비 실제발생액은 다음과 같다.

　　재료비 ₩10,000　　　노무비 ₩5,000　　　제조경비₩2,000

(3) 예정배부액과 실제발생액과 차이를 제조간접비배부차이 계정에 대체하다.

(4) 제조간접비배부차이를 매출원가계정에 대체하다.

구분	차 변		대 변	
(1)				
(2)				
(3)				
(4)				

제조간접비

제조간접비배부차이

매출원가

08. 다음 거래를 분개하여 하시오.

(1) 당월 제조간접비 예정배부액은 ₩50,000이다.

(2) 월말에 집계한 제조간접비 실제발생액은 다음과 같다.

　　　재료비 ₩15,000　　　노무비 ₩20,000　　　제조경비₩10,000

(3) 예정배부액과 실제발생액과 차이를 제조간접비배부차이 계정에 대체하다.

(4) 제조간접비배부차이는 기말재공품, 기말제품, 매출원가에 비례하여 안분법(비례배분법)으로 한다. 단, 기말 시산표 잔액은 아래와 같다.

잔 액 시 산 표

재　　　공　　　품	20,000	
제　　　　　　　품	40,000	
매　　출　　원　　가	140,000	

구분	차　　변		대　　변	
(1)				
(2)				
(3)				
(4)				

[안분액계산과정]

재　공　품	
제　　　품	
매　출　원　가	

[안분후 기말 잔액시산표]

잔 액 시 산 표

재　　　공　　　품		
제　　　　　　　품		
매　　출　　원　　가		

01. 다음 중 제조간접비 항목이 <u>아닌</u> 것은?

① 공장내 의무실에 근무하는 의사의 급여
② 공장감독자의 공휴일 작업에 대한 초과시간급
③ A/S(After Service)센터에 근무하는 전자제품 수리공의 임금
④ 공장사무실 컴퓨터의 감가상각비

02. 제조간접비의 배부기준은 제조하고 있는 제품의 종류, 제조방법, 제조규모 등에 따라 가액법(가격법), 시간법, 수량법이 있다. 다음 중 가액법으로 볼 수 <u>없는</u> 것은?

① 직접재료비법
② 직접작업시간법
③ 직접노무비법
④ 직접원가법

03. (주)대한산업은 직접노무비를 기준으로 제조간접비를 배부한다. 다음 자료에 의하여 갑제품에 배부되어야 할 제조간접비를 계산하면 얼마인가?

제조간접비 총액	: 700,000원	직접노무비 총액	: 500,000원
갑제품 직접노무비	: 300,000원	을제품 직접노무비	: 200,000원

① 300,000원
② 420,000원
③ 500,000원
④ 700,000원

04. 다음 자료에 의하여 X, Y 제품을 제조하는 기업의 X제품에 대한 제조간접비배부액을 직접원가법으로 계산하면 얼마인가? (단, 총제조간접비 실제발생액은 ₩300,000이다)

제 품	직접재료비	직접노무비
X 제품	₩150,000	₩50,000
Y 제품	₩250,000	₩150,000

① ₩50,000
② ₩100,000
③ ₩200,000
④ ₩400,000

05. 어느 회사의 1년간 직접재료비는 ₩700,000 직접노무비는 ₩500,000 제조간접비는 ₩300,000이다. 한편 제조지시서 갑의 직접재료비는 ₩160,000 직접노무비는 ₩80,000이다. 직접원가를 기준으로 제조간접비를 배부한다면 제조지시서 갑의 제조간접비 배부액은 얼마인가?

① ₩68,571
② ₩60,000
③ ₩55,500
④ ₩48,000

06. (주)세무는 직접원가를 기준으로 제조간접비를 배부한다. 다음 자료에 의해 작업지시서 No.1의 제조 간접비 배부액은 얼마인가?

	공장전체발생원가	작업지시서 No.1
직 접 재 료 비	1,000,000	300,000
직 접 노 무 비	1,500,000	400,000
기 계 시 간	150시간	15시간
제 조 간 접 비	7,500,000	( )

① 700,000원
② 2,100,000원
③ 3,000,000원
④ 3,651,310원

07. 다음 자료에서 직접 노동 시간법에 의하여 제조지시서 #1의 제조 간접비 배부액을 계산하면 얼마인가?

1개월간의 제조간접비 총액	₩300,000
동기간의 직접 총 노동시간	3,000시간
제조지시서 #1의 직접재료비	₩20,000
제조지시서 #1의 직접노무비	₩10,000
제조지시서 #1의 직접노동시간	500시간

① ₩30,000
② ₩50,000
③ ₩60,000
④ ₩80,000

08. 3월 중 실제로 발생한 총원가 및 제조지시서 #201의 제조에 실제로 발생한 원가는 다음과 같다.

	총원가	제조지시서 #201
직 접 재 료 비	₩60,000	₩5,500
직 접 노 무 비	40,000	2,500
제 조 간 접 비	35,000	?

당월 중 실제직접노동시간은 1,000시간이었으며 이 중 제조지시서 #201의 제조에 투입된 시간은 45시간이었다. 제조간접비를 직접노동시간에 기준하여 실제배부하는 경우 제조지시서 #201에 배부 되는 제조간접비는 얼마인가?

① ₩1,575
② ₩2,500
③ ₩3,000
④ ₩5,500

09. 아래의 자료를 이용하여 당기에 배부된 제조간접비를 계산하라.

• 직접재료 기초재고 :	360,000원	• 직접재료 기말재고 :	300,000원
• 직접재료 구입 :	420,000원	• 재공품 기초재고 :	180,000원
• 재공품 기말재고 :	120,000원	• 직접노무비 투입 :	375,000원
• 직접노무비 임률 :	시간당 7,500원		
• 제조간접비 배부율 :	100원 × 노무시간		

① 5,000원　　　　　　　　　　② 7,500원

③ 8,200원　　　　　　　　　　④ 9,600원

10. 다음 자료를 기초로 직접노동시간을 기준으로 제조지시서 No. 5에 배부될 제조간접비를 계산하면 얼마인가?

– 당기직접재료비총액	₩80,000	– 당기직접노무비총액	₩100,000
– 당기제조간접비총액	₩20,000	– 당기직접노동시간	500시간
– 제조지시서 No5 –			
직접재료비 ₩2,000		직접노무비 ₩2,600	
직접노동시간 40시간			

① ₩1,200　　　　　　　　　　② ₩1,600

③ ₩2,000　　　　　　　　　　④ ₩2,600

11. 다음은 제조간접비의 실제배부법에 관한 설명이다. 옳지 <u>않은</u> 것은?

① 배부율은 월말 이후에 알 수 있다.

② 월별로 배부율이 크게 달라질 수 있다.

③ 배부율은 [실제제조간접비 ÷ 실제조업도]이다.

④ 원가계산의 신속성을 기할 수 있다.

12. 다음 중 제조간접비를 제품에 예정배부하는 경우에 예정배부액의 계산식으로 옳은 것은?

① 실제배부율 × 실제조업도　　　　② 실제배부율 × 예정조업도

③ 예정배부율 × 실제조업도　　　　④ 예정배부율 × 예정조업도

13. 용인기업은 개별원가계산을 사용하며, 직접노동시간법에 의하여 제조간접비를 예정배부하고 있다. 20×1년의 제조간접비 예상액은 ₩8,000이었고 제조간접비 발생액은 ₩8,815이었다. 예상 직접노동시간은 200시간이었는데 실제 직접노동시간은 215시간이었다. 20×1년 3월중에 시작한 작업 #24를 완성하는데 30시간이 투입되었다. 작업 #24에 예정배부된 제조간접비는 얼마인가?

① ₩1,200 ② ₩1,240

③ ₩1,320 ④ ₩1,440

14. 분당기업은 개별원가회계를 사용하며 기계시간에 의하여 제조간접비를 예정배부하고 있다. 작년의 제조간접비 예상액은 ₩24,000이었고 제조간접비 발생액은 ₩26,400이었다. 예상 기계시간은 120시간이었는데 실제 기계시간은 100시간이었다. 작년 초에 계산한 제조간접비 예정배부율은 얼마였겠는가?

① 기계시간당 ₩200 ② 기계시간당 ₩220

③ 기계시간당 ₩240 ④ 기계시간당 ₩264

15. 다음은 구미공업의 제조간접비에 관한 자료이다. 예정배부법에 따른 제품Q의 제조간접비는 얼마인가?

┌───┐
▸ 실제제조간접비 : ₩65,000
▸ 제조간접비 예산액 : ₩60,000
▸ 실제조업도 : 125시간(직접노동시간)
▸ 예정조업도 : 150시간(직접노동시간)
▸ 제품Q 직접노동시간 : 표준(15시간), 실제(13시간)
└───┘

① ₩5,200 ② ₩6,760

③ ₩6,000 ④ ₩7,800

16. (주)대한은 직접노동시간을 기준으로 제조간접비를 예정배부하고 있다. 당기 중 제조간접비 예산액이 ₩600,000, 직접노동시간 10,000시간으로 예상되고, 실제조업도가 12,000시간, 제조간접비 실제발생액이 ₩660,000인 경우 제조간접비 예정배부율은 얼마인가?

① 50 ② 55

③ 60 ④ 66

17. 제조간접비를 예정 배부하는 경우 제조간접비 예정 배부액은 ₩145,0000이고, 제조간접비 실제 발생
    액은 간접재료비 ₩45,000 간접 노무비 ₩61,000 간접 제조경비 ₩37,000이다. 제조간접비 실제
    발생에 대한 분개로 적합한 것은?

①	(차) 재 료 비	45,000	(대) 제 조 간 접 비	143,000
	노 무 비	61,000		
	제 조 경 비	37,000		
②	(차) 제 조 간 접 비	143,000	(대) 재 공 품	143,000
③	(차) 제 조 간 접 비	143,000	(대) 재 료 비	45,000
			노 무 비	61,000
			제 조 경 비	37,000
④	(차) 제조간접비배부차이	2,000	(대) 제 조 간 접 비	2,000

18. (주)탐라는 제조간접비를 예정배부하고 있다. 당월 중에 배부한 제조간접비는 ₩12,0000이었으나, 당
    월 말에 실제로 발생한 제조간접비는 ₩10,000인 것으로 밝혀졌다. 이 차이를 조정하기 위한 적절
    한 분개는?

①	(차) 재 공 품	2,000	(대) 제 조 간 접 비	2,000
②	(차) 제조간접비배부차이	2,000	(대) 제 조 간 접 비	2,000
③	(차) 제 조 간 접 비	2,000	(대) 제조간접비배부차이	2,000
④	(차) 제 조 간 접 비	2,000	(대) 재 공 품	2,000

19. 예정 배부한 제조간접비가 ₩123,0000이나 실제 발생한 제조간접비는 ₩125,0000이다. 매출원가법으
    로 제조간접비 배부차이를 회계처리하는 분개로 옳은 것은?

①	(차) 제 조 간 접 비	2,000	(대) 매 출 원 가	2,000
②	(차) 매 출 원 가	2,000	(대) 제 조 간 접 비	2,000
③	(차) 재 공 품	2,000	(대) 매 출 원 가	2,000
④	(차) 매 출 원 가	2,000	(대) 재 공 품	2,000

20. 다음은 제조 간접비 예정 배부에 관한 자료이다. 제조 간접비 배부 차액은 얼마인가?

> (1) 당월 중에 완성된 제품의 제조 간접비 배부액은 다음과 같다.
>
> 제품 A   ₩20,000   제품 B   ₩30,000
>
> (2) 당월 말에 밝혀진 제조 간접비 실제 발생액은 다음과 같다.
>
> 간접재료비   ₩24,000   간접노무비   ₩20,000
>
> 간접제조경비   ₩8,000

① ₩2,000 과대 배부   ② ₩22,000 과대 배부

③ ₩2,000 과소 배부   ④ ₩22,000 과소 배부

21. 직접작업시간법으로 계산한 제조지시서#101의 제조간접비 예정배부액은 얼마인가?

> (1) 연간 예정제조간접비총액 : 100,000원
> (2) 연간 예정직접작업시간 : 1,000시간
> (3) 제조지시서별 실제작업시간 : #101 – 500시간, #201 – 300시간

① 20,000원   ② 30,000원

③ 50,000원   ④ 100,000원

22. 다음 분개내용을 바르게 추정한 것은?

> (차변) 제 조 간 접 비   125,000원   (대변) 제조간접비배부차이   125,000원

① 제조간접비 실제소비액이 예정배부액보다 125,000원 적다.

② 제조간접비 예정배부액이 실제소비액보다 125,000원 적다.

③ 제조간접비 실제소비액은 125,000원이다.

④ 제조간접비 예정배부액은 125,000원이다.

23. 제조간접비를 예정배부하는 경우 아래의 제조간접비 계정에 대한 설명으로 옳은 것은?

제조간접비

매 출 원 가	1,000	

① 제조간접비 실제발생액 ₩1,000을 매출원가계정에 대체하다.

② 제조간접비 예정배부액 ₩1,000을 매출원가계정에 대체하다.

③ 제조간접비 과다배부차액 ₩1,000을 매출원가계정에 대체하다.

④ 제조간접비 과소배부차액 ₩1,000을 매출원가계정에 대체하다.

24. (주)경기는 제조간접비를 직접노무비기준으로 배부하고 있다. 추정 제조간접비 총액은 ₩25,000이고 추정직접노무비시간은 10,000시간이다. 지난 기말의 제조간접비 실제발생액은 ₩27,000이고 실제직접노무시간은 10,500시간이다. 이 기간 동안 제조간접비 과소(대)배부는?

① ₩750 과소배부
② ₩750 과대배부
③ ₩1,500 과소배부
④ ₩1,500 과대배부

25. 다음은 군산공업의 제조간접비에 관한 자료이다. 제조간접비 배부차이는 얼마인가?

실제제조간접비 : ₩ 56,400	예정배부율 : ₩32/시간
실제조업도 : 1,800시간	예정조업도 : 2,000시간

① ₩7,600 과대배부
② ₩1,200 과대배부
③ ₩7,600 과소배부
④ ₩1,200 과소배부

26. 다음은 천안공업(주)의 당월 제조간접비 배부와 관련한 자료이다. 천안공업(주)은 예정배부율을 사용하여 제조간접비를 배부하고 있다. 제조간접비 배부차이를 계산하라.

예정제조간접비 ₩19,200	실제제조간접비 ₩20,700
예정직접노동시간 1,200시간	실제직접노동시간 1,150시간

① ₩ 900
② ₩1,300
③ ₩1,500
④ ₩2,300

27. (주)상공은 직접노무시간에 근거하여 제조간접비를 배부하고 있다. 실제직접노무시간은 1,000시간이었고, 예정직접노무시간은 900시간이었다. 실제 제조간접비는 ₩6,000이 발생했다. 만일 제조간접비예산이 ₩300 과대배부(배부초과)되었다면, 제조간접비 예정배부율은 얼마인가? (단, 표준원가 계산제도에 의함)

① ₩5.4
② ₩6
③ ₩6.3
④ ₩7

28. 다음은 제조간접비 배부에 관한 내용이다. 옳지 않은 것은?
① 제조간접비란 두 종류 이상의 제품을 제조하기 위하여 공통적으로 발생하는 원가를 말한다.
② 제조간접비는 재료비, 노무비에서 발생되는 경우도 있다.
③ 제조간접비 배부방법 중 실제배부법은 제조간접비 실제 발생총액이 집계되어야 하므로 기중에 제조원가를 계산하기 불편한 점이 있다.
④ 제조간접비 배부차이는 반드시 제조원가에 반영되도록 해야 한다.

29. 다음은 제조간접비의 예정배부에 대한 설명들이다. 옳지 않은 것은?

① 제조직접원가는 실제원가로 계산하고 제조간접비는 예정배부액을 이용하는 원가계산을 정상개별원가계산이라고 한다.

② 제조간접비의 예정배부는 제조간접비의 발생시점에 따른 변동성을 제거할 수 있어 실제 배부법보다 합리적이다.

③ 제조간접비를 예정배부하는 경우, 차변에 제조간접비 계정, 대변에 재공품(통제)계정으로 분개한다.

④ 제조지시서별 제조간접비의 예정배부액은 제조간접비 예정배부율에 제조지시서별 배부기준의 실제 수(또는 실제원가)를 곱하여 계산한다.

30. 요소별원가계산에 있어 발생하는 제조간접비의 배부차이를 조정하는 방법으로서 적절하지 않은 것은?

① 비례배분법   ② 매출원가 가감조정법

③ 상호배분법   ④ 영업외손익법

31. 인천기업은 제조간접비 배부차이를 조정하기 전에 재공품 및 제품의 기말재고가 각각 ₩160, ₩80 이었으며, 매출원가는 ₩560이었다. 제조간접비의 과대배부액이 ₩40인 경우, 안분법(비례배분법)에 의하여 기말조정을 실시한 이후 재공품의 기말재고는 얼마인가?

① ₩142   ② ₩152

③ ₩168   ④ ₩178

32. 제조간접비는 예정배부법을 이용하고 있으며, 제10기 중 예정배부액은 ₩300,000이나, 실제 발생한 제조간접비는 ₩250,000이었다. 제조간접비 배부차이는 비례배분법(보충률법)을 이용하여 조정한다. 이 경우 다음 중 올바른 것은?

① 기말제품은 증가한다.   ② 매출원가는 증가한다.

③ 매출원가는 변화하지 않는다.   ④ 기말재공품은 감소한다.

33. 제조간접비를 예정배부하는 경우, 제조간접비 배부차이를 반드시 조정하여야 한다. 그 이유는 무엇인가?

① 매출원가를 높이기 위하여

② 원가관리를 합리적으로 수행하기 위하여

③ 의사결정에 유용한 정보 제공을 위하여

④ 외부공표용 재무제표는 실제원가로 작성하여야 하기 때문에

34. 실제생산량이 예상생산량보다 매우 낮음에도 불구하고 제조간접비에 대하여 예정배부를 실시한 결과, 제품원가의 차이가 중요하지 않은 것으로 나타난 이유는?

　① 제조간접비가 주로 고정비로 구성
　② 제조간접비가 주로 변동비로 구성
　③ 제조간접비의 실제발생액이 예상했던 것보다 매우 낮음
　④ 제조간접비의 실제발생액이 예상했던 것보다 매우 높음.

03 부문별원가계산

1. 부문별원가계산의 뜻

부문별원가계산이란, 제품의 원가를 산정함에 있어 제조간접비를 각 제품에 보다 더 정확하게 배부하기 위하여 각 부문별로 분류, 집계하는 절차이다.

2. 원가부문의 설정과 배부기준

일반적으로 원가부문은 원가요소를 분류·집계하는 계산상의 구분으로, 제조부문과 보조부문으로 분류 한다.

① 제조부문 : 제품제조활동을 직접 담당하는 부문
　　　　　　(예: 절단부문, 조립부문, 선반부문, 주조부문)

② 보조부문 : 제조부문의 제조활동을 돕기 위하여 여러 가지 용역을 제공하는 부문
　　　　　　(예 : 동력부문, 수선부문, 운반부문, 검사부문)

보조부문	배부기준
건물관리부문	면적(m^2)
공장인사관리부문, 식당부문	종업원수
동력부문	kWh
수선유지부문	작업시간, 수선횟수
구매부문	주문회수, 주문수량
창고부문	재료 사용량
검사부문	검사수량, 검사시간

■ **원가계산준칙 제14조 [원가부문별 계산]**

① 원가계산은 원가의 발생을 관리하고 제품원가의 계산을 정확히 하기 위하여 부문별로 계산할 수 있다. 이 경우 원가의 비목별 계산에서 집계된 원가요소는 그 전부 또는 일부를 다시 원가부문별로 집계한 후, 이를 다시 제품별로 배분할 수 있다.
② 원가부문은 원가요소를 분류·집계하는 계산상의 구분으로서 제조부문과 보조부문으로 구분한다.
③ 제조부문은 직접 제조작업을 수행하는 부문을 말하며 제조활동 등에 따라 세분할 수 있다.
④ 보조부문은 직접 생산활동을 수행하지 아니하고 제조부문을 지원·보조하는 부문으로서 그 수행하는 내용에 따라 세분할 수 있다.

3. 부문별원가계산의 단계

① 1단계 : 부문개별비를 각 부문에 부과

② 2단계 : 부문공통비를 각 부문에 배부

③ 3단계 : 보조부문비를 제조부문에 배부

④ 4단계 : 제조부문비를 각 제품에 배부

4. 부문비배부표(1단계, 2단계)

부문개별비를 각 부문에 부과하고, 부문공통비는 합리적인 배부기준에 의해 각 부문에 배부하기 위하여 작성한다.

5. 보조부문비배부표 (3단계)

보조부문비를 각 제품에 직접 배부할 수가 없다. 따라서 보조부문비를 제조부문에 배부하는 절차가 필요하다. 보조부문은 주로 제조부문에 용역을 제공하지만, 때로는 다른 보조부문에도 용역을 제공한다. 이러한 경우에는 보조부문 상호간에도 용역을 주고 받는 경우가 있다. 보조부문을 제조부문에 배부하는 방법에는 용역수수관계 여부에 따른 보조부문비 배부방법과 원가형태에 따른 보조부문의 배부방법으로 구분할 수 있다.

(1) 용역수수관계 여부에 따른 보조부문비 배부방법

① **직접배부법** : 보조부문 상호간의 용역수수를 완전히 무시하는 방법으로 가장 간단한 반면 원가배부는 가장부정확하다.

② **단계배부법** : 배부순서를 결정하여야 하고, 보조부문의 일부만 제조부문에 반영하므로 직접배부법과 상호배부법의 절충형이다.

③ **상호배부법** : 보조부문 상호간의 용역수수를 완전하게 고려하여 제조부문제 배부하는 방법으로 가장복잡한 반면 원가배부는 가장정확하다.

■ **원가계산준칙 제16조 [부문개별비와 부문공통비]**

① 원가요소는 발생한 원가의 직접적인 집계가능성 여부에 따라 부문개별비와 부문공통비로 구분한다.

② 부문개별비는 원가발생액을 당해 발생부문에 직접 부과하고, 부문공통비는 인과관계 또는 효익관계 등을 감안한 합리적인 배부기준에 의하여 관련부문에 배부한다.

---

(2) 원가형태에 따른 보조부문비 배부방법

① 단일배부율법 : 보조부분비를 고정원가와 변동원가로 구분하지 않고 하나의 기준, 실제사용량을 기준으로 배부하는 방법을 단일배부율법이라 한다. 이용하기는 간편하지만 원가형태에 따른 구분이 없으므로 정확한 원가배분이 이루어지지 않는다. 부문별 의사결정이 최적이라 하더라도 전체로는 최적의 의사결정이 되지 않는 단점이 있다.

② 이중배부율법 : 보조부문비를 고정원가와 변동원가로 구분하여 각각의 다른 배부기준 적용하여 배부하는 방법을 이중배부율법이라 한다. 고정원가는 제조부문에서 사용이 가능한 최대사용량을 기준으로 배부하고 변동원가는 제조부문이 실제 사용한 용역사용량을 기준으로 배부한다. 고정원가는 제조부문에 용역을 제공하는 설비에 관련된 것이지만 변동원가는 설비와 관계없이 용역사용량과 관련이 있기 때문이다.

6. 제조부분비를 제품에 배부(4단계)

제조부문에 집계된 원가를 각 제조부문을 통과하여 생산한 제품의 원가로 배부하여야 한다. 배부액은 배부율에 각 제품별 배부기준을 곱하여 구한다. 배부율에는 공장전체배부율과 부문별배부율이 있다. 이렇게 계산된 배부액은 제조부문비계정에서 재공품계정에 대체한다.

■ 원가계산준칙 제15조 [부문비 계산의 절차]

① 원가의 부문별 계산은 원가요소를 제조부문과 보조부문에 배부하고, 보조부문비는 직접배부법·단계배부법 또는 상호배부법 등을 적용하여 각 제조부문에 합리적으로 배부한다.
② 제조부문에 집계된 원가요소는 필요에 따라 그 부문의 소공정 또는 작업단위별로 집계할 수 있다.

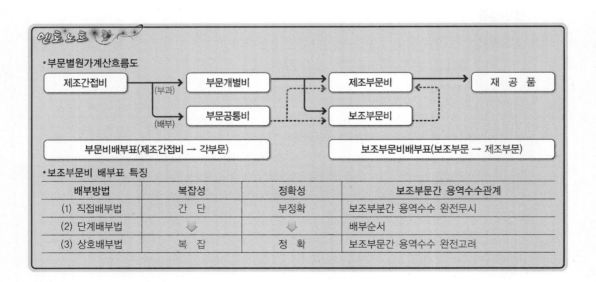

엄료노트

• 부문별원가계산흐름도

배부방법	복잡성	정확성	보조부문간 용역수수관계
(1) 직접배부법	간 단	부정확	보조부분간 용역수수 완전무시
(2) 단계배부법	⇩	⇩	배부순서
(3) 상호배부법	복 잡	정 확	보조부문간 용역수수 완전고려

• 보조부문비 배부표 특징

7. 부문비의 회계처리

(1) 제조부문비 실제배부

매월 실제로 발생한 제조부문비를 파악하여, 이를 기초로 실제의 제조 부문비 배부액을 계산함으로써 제품의 원가를 계산하면, 제품 원가가 실제 원가로 계산되는 장점이 있다. 반면 원가계산 기간 중에 완성된 제품도 원가 계산 기간 말이 되어야만 원가를 계산할 수 있게 되므로, 원가계산이 지연될 뿐 아니라 제품 생산량이 계절적으로 변동하는 경우에 제품원가도 따라서 변동하는 단점이 있다.

구 분	차 변		대 변	
① 제조간접비의 부문별 배부	제 조 부 문 비 보 조 부 문 비	××× ×××	제 조 간 접 비	×××
② 보조부문비를 제조부문에 배부	제 조 부 문 비	×××	보 조 부 문 비	×××
③ 제조부문비를 제품에 배부	재 공 품	×××	제 조 부 문 비	×××

(2) 제조부문비의 예정배부

제조부문비를 예정배부하면 제품을 완성하는 즉시 원가를 계산할 수 있을 뿐 아니라, 원가계산을 보다 간편하게 할 수 있다.

구 분	차 변		대 변	
① 제조간접비 예정배부시	재 공 품	×××	제 조 부 문 비	×××
② 제조간접비 실제발생액	제 조 부 문 비 보 조 부 문 비	××× ×××	제 조 간 접 비	×××
③ 보조부문비 배부	제 조 부 문 비	×××	보 조 부 문 비	×××
④ 과소배부 차이 (실제 〉 예정)	부문비배부차이	×××	제 조 부 문 비	×××
⑤ 과대배부 차이 (실제 〈 예정)	제 조 부 문 비	×××	부문비배부차이	×××

(3) 부문비 배부차이의 처리

① 연말 재공품, 연말제품, 연말매출원가의 각 금액에 비례하여 배분한다.

② 전액 연말매출원가에 가감한다.

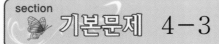

01. 당월 중에 발생한 다음의 원가자료를 이용하여 부문비 배부표를 작성하고, 필요한 분개를 하시오.

(1) 부문개별비

비 목	제 조 부 문		보 조 부 문		
	절단부문	조립부문	동력부문	수선부문	공장사무부문
간 접 재 료 비	₩80,000	₩50,000	₩20,000	₩15,000	–
간 접 노 무 비	60,000	40,000	12,000	8,000	3,000

(2) 부문공통비

   수선비 ₩48,000   건물감가상각비 ₩90,000   기계보험료 ₩75,000

(3) 부문공통비 배부기준

비 목	배부기준	절단부문	조립부문	동력부문	수선부문	공장사무부문
수 선 비	수 선 횟 수	9회	6회	4회	3회	2회
건물감가상각비	면 적	400㎡	300㎡	90㎡	70㎡	40㎡
기 계 보 험 료	기 계 가 액	₩500,000	₩350,000	₩250,000	₩150,000	0

부 문 비 배 부 표

원가요소	배부기준	합 계	제 조 부 문		보 조 부 문		
			절단부문	조립부문	동력부문	수선부문	공장사무부문
부 문 개 별 비							
간 접 재 료 비							
간 접 노 무 비							
합 계							
부 문 공 통 비							
수 선 비	수선횟수						
건물감가상각비	면 적						
기 계 보 험 료	기계가액						
합 계							
총 계							

[부문비배부표분개]

차 변 과 목	금 액	대 변 과 목	금 액

02. 다음 자료에 의하여 보조부문비배부표를 직접배부법에 의하여 작성하고 필요한 분개를 하시오.

	제조부문		보조부문	
	절단부문	조립부문	동력부문	수선부문
자기부문발생액	₩72,000	₩68,000	₩30,000	₩14,000
동력부문(KWh)	600	400	–	500
수선부문(횟수)	40	60	50	–

보 조 부 문 비 배 부 표

비 목	배부기준	금 액	제조부문		보조부문	
			절단부문	조립부문	동력부문	수선부문
자 기 부 문 발 생 액						
보 조 부 문 비 배 부						
동 력 부 문 비	KWh					
수 선 부 문 비	횟수					
보 조 부 문 비 배 부 액						
제 조 부 문 비 합 계						

[보조부문비 배부분개]

차 변 과 목	금 액	대 변 과 목	금 액

03. 다음 자료에 의하여 보조부문비배부표를 단계배부법에 의하여 작성하고 필요한 분개를 하시오.
단, 보조부문원가 중 수선부문비를 먼저 배부한다.

	제조부문		보조부문	
	절단부문	조립부문	동력부문	수선부문
자기부문발생액	₩20,000	₩7,500	₩3,500	₩5,000
동력부문(KWh)	400	400	–	200
수선부문(횟수)	60	30	10	–

보 조 부 문 비 배 부 표

비　목	배부기준	제조부문		보조부문	
		절단부문	조립부문	동력부문	수선부문
자 기 부 문 발 생 액					
보 조 부 문 비 배 부					
수 선 부 문 비	횟수				
동 력 부 문 비	kWh				
제 조 부 문 비 합 계					

[보조부문비 배부분개]

차 변 과 목	금　　액	대 변 과 목	금　　액

04. 다음 자료에 의하여 보조부문비배부표를 상호배부법에 의하여 작성하고 필요한 분개를 하시오.

	제조부문		보조부문	
	절단부문	조립부문	동력부문	수선부문
자기발생원가	₩20,000	₩7,500	₩3,500	₩5,000
동력부문(KWh)	400	400	–	200
수선부문(횟수)	100	50	50	–

보 조 부 문 비 배 부 표

비 목	제조부문		보조부문	
	절단부문	조립부문	동력부문	수선부문
자 기 부 문 발 생 액				
보 조 부 문 비 배 부				
동 력 부 문 비				
수 선 부 문 비				
제 조 부 문 비 합 계				

[보조부문비 배부분개]

차 변 과 목	금 액	대 변 과 목	금 액

05. 다음 연속된 거래를 분개하고 아래 계정에 전기하시오.

(1) 월중에 제품이 완성되어 절단부문비 ₩400,000과 조립부문비 ₩376,000을 각각 예정배부하다.

(2) 부문비 배부표에서 집계된 부문비의 실제 발생액은 다음과 같다.

절단부문비 ₩360,000 　　　　　　　　 조립부문비 ₩320,000

동력부문비 ₩40,000 　　　　　　　　 수선부문비 ₩50,000

(3) 보조부문비배부표에 집계된 보조부문비 배부액은 다음과 같다.

구 분	절단부문비	조립부문비
동력부문비	₩25,000	₩15,000
수선부문비	₩23,000	₩27,000

(4) 각 제조부문비 예정배부액과 실제발생액과의 차이를 부문비배부차이계정에 대체하다.

(5) 부문비배부차이 계정을 매출원가 계정에 대체하다.

구분	차 변 과 목	금 액	대 변 과 목	금 액
(1)				
(2)				
(3)				
(4)				
(5)				

절단부문비

조립부문비

부문비배부차이

동력부문비

01. 다음 자료를 보고 부문별원가계산 절차를 순서대로 나열한 것은?

> ⓐ 보조부문비를 제조부문에 배부한다.
> ⓑ 부문공통비를 각 부문에 배부한다.
> ⓒ 제조부문비를 각 제품에 배부한다.
> ⓓ 부문개별비를 각 부문에 부과한다.

① ⓐ-ⓑ-ⓒ-ⓓ   ② ⓑ-ⓐ-ⓒ-ⓓ
③ ⓒ-ⓓ-ⓐ-ⓑ   ④ ⓓ-ⓑ-ⓐ-ⓒ

02. 다음은 부문직접비와 부문간접비의 예를 든 것이다. 옳지 않은 것은?

	부문직접비	부문간접비
①	부문감독자의 급료	공장장의 급료
②	부문기계의 감가상각비	공장건물의 재산세
③	부문의 소모품비	공장건물의 감가상각비
④	부문기계의 특별수리비	부문의 간접노무비

03. 다음 부문비를 해당 부문에 배부할 때 적용되는 배부 기준과 가장 잘 짝지은 것은?

① 전력비 – 부문의 종업원 수
② 감가상각비 – 부문이 차지하는 건물의 면적
③ 복리후생비 – 부문의 전력 소비량
④ 운반비 – 부문의 수선 횟수

04. 다음 중 보조부문과 배부기준의 대응이 가장 적절하지 않은 것은?

	보조부문	배부기준
①	건물관리부분	점유면적
②	수선유지부문	작업시간
③	구매부문	주문회수
④	창고부문	종업원수

05. 다음 중 기계장치에 대한 감가상각비를 배분하는 기준으로 가장 옳은 것은?

① 제조부문과 보조부문간의 기계사용시간비율
② 제조부문과 보조부문간의 인원수비율
③ 제조부문과 보조부문간의 면적비율
④ 제조부문과 보조부문간의 취득원가비율

06. 다음은 A와 B 두 종류의 제품을 제조하는 하늘산업(주)의 원가 내역 중 일부이다. A제품은 납을 주재료로 하여 절단부문 – 성형부문 – 염색부문 – 조립부문을 거쳐 제조되는 제품이며, B제품은 동을 주재료로 하여 압축부문 – 성형부문 – 염색부문 – 건조부문을 거쳐 제조되는 제품이라면 다음 중 원가의 분류로 잘못된 것은?

① 성형부문의 플라스틱 소비액 – 재료비 – 간접비
② 절단부문 근로자의 임금액 – 노무비 – 직접비
③ 납 원재료의 소비액 – 재료비 – 직접비
④ 염색부문 근로자의 임금액 – 노무비 – 직접비

07. 다음은 보조부문비와 관련된 설명이다. 가장 틀린 것은?

① 이중배분율법(dual allocation method)에 직접배분법, 단계배분법, 상호배분법을 적용할 수 없다.
② 원가행태에 의한 배분방법으로 단일배분율법과 이중배분율법이 있다.
③ 상호배분법은 보조부문비를 용역수수관계에 따라 다른 보조부문과 제조부문에 배부하는 방법이다.
④ 이중배분율법은 원가행태에 따라 배부기준을 달리 적용한다.

08. 다음은 부문별원가계산에 대한 설명이다. 잘못된 것은?

① 원가부문은 원가요소를 분류, 집계하는 계산상의 구분으로서 제조부문과 보조부문으로 구분한다.
② 제조부문은 직접 생산활동을 수행하는 부문을 말하며 제조활동 등에 따라 세분할 수 있다.
③ 제조부문에 집계된 원가요소는 필요에 따라 그 부문의 활동단위 또는 제품수명주기별로 집계할 수 있다.
④ 원가요소는 발생한 원가의 직접적인 집계가능성여부에 따라 부문개별비와 부문공통비로 구분한다.

09. 보조부문에서 발생한 원가를 제조부문으로 배분하는 이유 중에서 가장 적합한 것을 고르면?

① 각 부문의 수익성을 파악하기 위하여
② 각 부문이 서로 어떻게 서비스를 주고 받는지 파악하기 위하여
③ 제조부문의 관리자들이 보조부문의 원가절감을 독려하기 위하여
④ 보조부문의 서비스를 제조부문에서 더 활발하게 활용하도록 권장하기 위하여

10. **부문별 원가계산에 대한 설명으로 틀린 것은?**

① 원가부문은 일반적으로 제조부문과 보조부문으로 나누어 설정한다.
② 부문직접비는 발생한 각 부문에 배부하고, 부문간접비는 각 부문에 부과한다.
③ 보조부문비를 각 보조부문 간의 용역 수수를 무시하고 제조부문에만 배부하는 방법을 직접배부법이라 한다.
④ 보조부문은 제조부문의 제조활동을 돕기 위하여 여러 가지 용역을 제공하는 부문이다.

11. **보조부문비를 제조부문에 배부하는 방법으로 해당하지 않는 것은?**

① 직접배부법   ② 단계배부법
③ 상호배부법   ④ 간접배부법

12. **다음 중 부문비배분법의 설명으로 틀린 것은?**

① 단계배분법은 보조부문간의 용역제공을 일부만 고려하는 방법이다.
② 직접배분법은 보조부문 상호간에 주고받는 용역의 정도를 고려하지 않는다.
③ 상호배분법은 보조부문 상호간의 용역수수를 전부 고려하는 가장 정확한 원가배분방식이다.
④ 상호배분법은 직접배분법과 단계배분법의 절충적인 중간형태이다.

13. **보조부문비를 제조부문에 배부하는 방법에 대한 설명 중 틀린 것은?**

① 직접배부법은 보조부문 상호간의 용역수수를 전혀 고려하지 않는 방법이다.
② 단계배부법은 보조부문 상호간의 용역수수를 일부 고려하는 방법이다.
③ 상호배부법은 보조부문 상호간의 용역수수를 완전히 고려하는 방법이다.
④ 계산의 정확성은 직접배부법 〉 단계배부법 〉 상호배부법 순으로 나타난다.

14. **다음 중 보조부문간의 용역의 수수관계를 완전히 무시하고, 보조부문비를 모두 제조부문에 배분하는 방법은?**

① 직접배분법   ② 단일배분법
③ 상호배분법   ④ 무배분법

15. **보조부문비를 제조부문에 배부하는 다음의 방법들 중 경제적 실질을 가장 정확하게 반영하는 방법은 무엇인가?**

① 직접배부법   ② 단계배부법
③ 상호배부법   ④ 인과기준배부법

16. 다음 중 보조부문 원가를 제조부문에 배부하는 방법에 대한 설명으로 틀린 것은?

    ① 직접배부법을 사용하는 경우에는 특정 보조부문 원가가 다른 보조부문에 배부되지 아니한다.

    ② 단계배부법을 사용하는 경우 가장 먼저 배부되는 보조부문 원가는 다른 보조부문에도 배부될 수 있다.

    ③ 상호배부법을 사용하는 경우에는 배부순서에 따라 특정 제조부문에 대한 배부액이 달라지게 된다.

    ④ 직접배부법, 단계배부법, 상호배부법의 차이는 보조부문 상호간의 용역수수를 인식할 것인지 무시할 것인지의 차이라고 할 수 있다.

17. 보조부문비를 제조부문에 배분하는 방법 중 보조부문 상호간의 용역수수관계가 중요하지 않은 경우에 가장 시간과 비용을 절약할 수 있는 원가배분 방법은?

    ① 직접배분법   ② 단계배분법
    ③ 상호배분법   ④ 간접배분법

18. 보조부문비 배부방법 중 보조부문 상호간의 용역수수 정도를 고려하여 가장 다른 부문에 용역을 많이 제공한 순서에 따라 순차적으로 배부하는 방법은?

    ① 직접배부법   ② 연속배부법
    ③ 상호배부법   ④ 단계배부법

19. 보조부문비를 제조부문에 배부하는 방법 중 상호배부법에 대한 설명으로서 가장 옳은 것은?

    ① 보조부문 상호간의 용역수수관계를 불완전하게 인식하는 방식이다.
    ② 보조부문의 배부순서를 고려할 필요가 없다.
    ③ 보조부문 상호간의 용역수수관계가 중요하지 않을 경우에 적합하다.
    ④ 배부절차가 다른 방법에 비해 비교적 간편하다.

20. 보조부문비를 제조부문에 배부하는 방법 중 상호배부법을 올바르게 설명한 것은?

    ① 보조부문 상호간의 용역수수를 무시하고 제조부문에만 배부하는 방법이다.
    ② 보조부문간의 일정한 배부순서를 정한 다음 그에 따라 제조부문과 보조부문에 배부하는 방법이다.
    ③ 보조부문비를 직접 각 제품에 배부하는 방법이다.
    ④ 보조부문 상호간의 용역수수를 고려하여 보조부문과 제조부문에 배부하는 방법이다.

21. 다음은 보조부문원가를 배분하는 방법과 설명이다. 잘못 연결된 것은?
① 보조부분원가를 다른 보조부문에는 배분하지 않고 제조부문에만 배분하는 방법
   – 직접배분법
② 보조부문원가를 배분순서에 따라 순차적으로 다른 보조부문과 제조부문에 배분하는 방법
   – 단계배분법
③ 보조부문 상호간의 용역수수관계를 완전히 인식하여 보조부문원가를 다른 보조부문과
   제조부문에 배분하는 방법 – 상호배분법
④ 보조부문원가를 변동원가와 고정원가로 구분하여 각각 다른 배분기준을 적용하여 배분
   하는 방법 – 단일배분율법

22. 다음은 보조부문원가의 배부방법을 설명한 것이다. 적합하지 않은 것은?
① 상호배부법은 보조부문 상호간의 용역수수 관계를 전부 반영한다.
② 직접배부법은 보조부문 상호간에 직접 배부하는 것이다.
③ 단계배부법은 보조부문의 배부순서에 따라 배부액이 달라질 수 있다.
④ 상호배부법이 단계배부법보다 더 정확하다.

23. 다음은 무엇에 대한 설명인가?

> 보조부문원가를 보조부문의 배부순서를 정하여 한 번만 다른 보조부문과 제조부문에 배부한다.

① 개별배분법   ② 직접배분법
③ 단계배분법   ④ 상호배분법

24. (주)형진의 보조부문에서 발생한 변동제조간접원가는 1,500,000원이, 고정제조간접원가는
    3,000,000원이 발생하였다. 이중배분율법에 의하여 보조부문의 제조간접원가를 제조부문에 배분할
    경우 절단부문에 배분할 제조간접원가는 얼마인가?

	실제기계시간	최대기계시간
절단부문	2,500시간	7,000시간
조립부문	5,000시간	8,000시간

① 1,500,000원   ② 1,700,000원
③ 1,900,000원   ④ 2,100,000원

25. 다음 보조부문의 원가를 직접배부법을 사용하여 제조부문에 배부할 경우 제조부문 중 절단부문에 배부되는 보조부문의 원가는 얼마인가?

	제조부문		보조부문	
	절단부문	조립부문	동력부문	수선부문
자기부문발생액	₩72,000	₩68,000	₩30,000	₩14,000
동력부문(KWh)	600	400	–	500
수선부문(횟수)	40	60	50	–

① ₩18,000
② ₩5,600
③ ₩23,600
④ ₩34,000

26. 다음을 직접배부법으로 배부하면 제조부문1의 부문비합계는 얼마가 되는가?

	제조부문1	제조부문2	보조부문1	보조부문2
부문비 발생액	₩52,000	₩44,000	₩46,000	₩35,000
부문별 배부율				
보조부문1	40%	40%	–	40%
보조부문2	30%	40%	30%	–

① ₩90,000
② ₩80,900
③ ₩80,250
④ ₩90,500

27. 다음은 제조부문과 보조 부문 상호 간의 용역 제공 상황을 나타낸 표이고, 보조부문인 동력부문과 수선부문의 부문비가 각각 ₩20,000과 ₩10,000이다. 직접 배부법에 의하여 보조 부문비를 절단부문에 배부하는 분개로 옳은 것은?

적 요	제조 부문		보조 부문		합 계
	절단 부문	조립 부문	동력 부문	수선 부문	
동력부문	60%	20%	–	20%	100%
수선부문	45%	45%	10%	–	100%

① (차) 절 단 부 문 비　20,000　(대) 동 력 부 문 비　15,000
　　　　　　　　　　　　　　　　수 선 부 문 비　 5,000

② (차) 절 단 부 문 비　16,500　(대) 동 력 부 문 비　12,000
　　　　　　　　　　　　　　　　수 선 부 문 비　 4,500

③ (차) 동 력 부 문 비　15,000　(대) 절 단 부 문 비　20,000
　　　수 선 부 문 비　 5,000

④ (차) 동 력 부 문 비　12,000　(대) 절 단 부 문 비　16,500
　　　수 선 부 문 비　 4,500

28. 다음은 보조부문원가에 관한 자료이다. 보조부문의 제조간접비를 다른 보조부문에는 배부하지 않고 제조부문에만 직접 배부할 경우 수선부문에서 조립부문으로 배부될 제조간접비는 얼마인가?

		보조부문		제조부문	
		수선부문	관리부문	조립부문	절단부문
제조간접비		80,000원	100,000원		
부문별배부율	수선부문		20%	40%	40%
	관리부문	50%		20%	30%

① 24,000원   ② 32,000원

③ 40,000원   ④ 50,000원

29. 자료를 이용하여 보조부문원가를 단계배부법에 의해 제조부문에 배부하는 경우 제조부문 중 절단부문에 배부되는 보조부문원가는 얼마인가? 단, 보조부문원가 중 수선부문비를 먼저 배부한다.

	제조부문		보조부문	
	절단부문	조립부문	동력부문	수선부문
자기발생원가	₩20,000	₩7,500	₩3,500	₩5,000
동력부문(KWh)	400	400	–	200
수선부문(횟수)	60	30	10	–

① ₩3,000   ② ₩3,500

③ ₩5,000   ④ ₩23,000

30. 속초기업은 단계배부법에 의하여 부문비를 배부하는데 도장부문부터 배부한다. 다음 자료에 의하면 도장부문에서 절단부문으로 배부되는 원가는 얼마인가?

구 분	제조부문		보조부문	
	절단부문	조립부문	전력부문	도장부문
자기발생원가	₩4,000	₩6,000	₩10,000	₩18,000
전력부문(Kw/h)	400	400	–	100
도장부문(횟수)	36	18	18	–

① ₩4,500   ② ₩6,000

③ ₩9,000   ④ ₩12,000

31. 주안산업(주)는 제1제조부문과 제2제조부문을 통하여 제품A와 제품B를 생산하며, 제조간접비 배부는 예정배부에 의하고 있다. 제1제조부문의 예정배부율은 ₩200/노동시간이고, 제2제조부문의 예정배부율은 ₩150/기계시간 이며, 제품A에 대한 부문별 작업시간은 다음과 같다.

구 분	제1제조부문		제2제조부문	
	노동시간	기계시간	노동시간	기계시간
제품A	700시간	500시간	200시간	400시간

다음 중 제품A의 제조간접비 배부액으로 옳은 것은?

① ₩105,000
② ₩135,000
③ ₩180,000
④ ₩200,000

32. 순천공업사는 2개의 제조부문을 통하여 제품A를 생산하고 있다. 부문1과 부문2는 직접노동시간을 기준으로 부문원가를 제품에 배부하고 있다. 제품A가 부문1에서 50시간의 직접노동시간을, 그리고 부문2에서 200시간의 직접노동시간을 소비하였다고 한다면, 제품A에 대한 부문원가 배부액은 얼마인가?

	부문1	부문2
부문원가	₩4,500	₩6,000
직접노동시간	500시간	1,000시간

① ₩1,030
② ₩1,250
③ ₩1,340
④ ₩1,650

제5장

개별원가계산

01. 개별원가계산

01 개별원가계산

1. 개별원가계산의 기초

개별원가계산이란, 개별작업별로 원가를 집계하여 제품 제조 원가를 계산하는 방법이다. 이 방법은 성능, 규격, 품질 등이 서로 다른 여러 종류의 제품을 주로 고객의 주문에 의하여 소량씩 개별적으로 생산하는 건축업, 토목업, 조선업, 항공기제조업, 주문에 의한 가구 및 기계제조업, 영화제작업, 법률상담, 세무상담등에서 주로 사용되며 제조간접비 배부를 매우 중요시 한다.

2. 제조지시서

고객이 주문한 특정제품의 제조를 작업현장에 지시하는 문서로 제품별로 제조번호, 작성일, 제품의 명칭, 규격, 수량, 제조착수일, 완성일등이 제조지시서에 기재한다.

(1) 특정제조시시서(작업원가표)

개별 제품 또는 개별 작업에 대해 개별적으로 발행되는 제조 지시서로 개별원가계산에서 사용된다.

작업지시서 №　_____

작 업 원 가 표

주문자	_____	작업지시서	_____
제품명	_____	제조착수일	_____
규격	_____	제품완성일	_____
수량	_____	제품인도예정일	_____

직접재료비			직접노무비			제조간접비		
일자	재료출고 청구서№.	금액	일자	작업시간 보고서№.	금액	일자	배부율	금액

(2) 계속제조지시서

한 종류의 제품을 대량으로 계속 생산하는 경우에 발행되는 제조지시서로 종합원가계산에서 사용된다. 한번 발행하면 그 효력이 일정기간 지속되므로 제조수량은 표시하지 않는 것이 일반적이다.

3. 원가계산표와 원가원장

(1) 원가계산표

각 제품별로 제조 과정에서 발생하는 제조원가를 집계하기 위한 명세서로서, 직접재료비, 직접노무비, 제조간접비가 상세히 기록되는 표

(2) 원가원장

제조과정에 있는 각 제조지시서 별로 원가계산표를 철해 놓은 장부

4. 개별원가계산의 절차

(1) 직접원가의 집계

직접재료비, 직접노무비는 특정제품의 원가계산표에 직접 부과하고 합계액은 재공품계정 차변에 기입한다.

(2) 제조간접비배부

제조간접비는 특정제품과 직접적인 관련이 없으므로 합리적인 배부기준을 선택하여 제조간접비 배부율에 의하여 개별제품에 배부하고 합계금액을 재공품계정 차변에 기입한다. 2개 이상의 제조부문이 있는 경우 제조간접비를 배부하는 방법에는 공장전체 제조간접비배부율과 부문별 제조간접비배부율로 하는 방법이 있다.

① 공장전체 제조간접비 배부율 : 제조간접비 발생액을 부문별로 구분하지 않고 공장전체를 하나의 부문으로 보고 배부율을 구하는 방법이다.

$$\frac{\text{공장전체 제조간접비 총액}}{\text{공장전체 배부기준 합계}} = \text{공장전체 제조간접비배부율}$$

공장전체 제조간접비배부율 × 제품별배부기준 = 각 제품 제조간접비 배부액

② 부문별 제조간접비배부율 : 제조간접비 발생액을 부문별로 배부하여 부문별로 집계된 제조간접비를 각각의 부문별로 배부율을 구하는 방법이다. 공장전체 제조간접비배부율은 제조부문별 특성이 반영되지 않지만 부문별 제조간접비배부율은 제조부문별로 상이한 배부기준을 반영하므로 정확한 원가정보가 제공된다.

$$\frac{\text{부문별 제조간접비 총액}}{\text{부문별 배부기준 합계}} = \text{부문별 제조간접비배부율}$$

부문별 제조간접비배부율 × 제품별배부기준 = 각 제품 제조간접비 배부액

(3) 당월제품제조원가와 월말재공품

당월에 완성된 제조지시서 금액은 재공품계정에서 제품계정으로 대체하고 월말까지 미완성된
제조지시서의 금액은 월말재공품으로 다음 달로 이월 한다.

구 분	차 변		대 변	
(1) 직접재료비 소비액	재 공 품	×××	재 료 비	×××
(2) 직접노무비 소비액	재 공 품	×××	노 무 비	×××
(3) 제조간접비 배부	재 공 품	×××	제 조 간 접 비	×××
(4) 완성품제조원가	제 품	×××	재 공 품	×××

5. 개별원가계산의 방법

① 실제 개별원가계산 : 실제 재료비, 실제 노무비, 실제 제조간접비를 이용하여 제품원가를
계산하는 방법

② 예정 개별원가계산 : 직접재료비와 직접노무비는 실제 원가를 바탕으로 원가계산을 하고,
제조간접비는 예정 배부액을 사용하여 원가 계산을 하는 방법으로, 평준화 원가계산 또는
정상 원가계산 이라고도 한다. 개별원가계산에서 제조간접비를 제품에 예정 배부할 때에
예정배부율을 이용하여 예정배부액을 계산하여 기입한다.

$$\frac{\text{제조간접비 연간예상액}}{\text{연간예정배부기준}} = \text{제조간접비 예정배부율}$$

제품별 실제 배부기준 × 예정배부율 = 제조간접비 예정배부액

6. 원가계산표와 재공품계정

원 가 계 산 표

비 목	제조지시서#1	제조지시서#2	제조지시서#3
월초재공품	100	100	–
직접재료비	200	200	100
직접노무비	300	100	200
제조간접비	150	50	100
합 계	750	450	400

재 공 품

전 월 이 월	200	제 품	1,200	완성
재 료 비	500	차 월 이 월	400	
노 무 비	600			미완성
제조간접비	300			

■ 본 예문은 직접노무비의 50%를 제조간접비로 배부하고, 제조지시서 #1, #2는 완성되고, 제조지시서#3은 미완성된 경우를 예
로 한 것이다.

■ 원가계산준칙 제17조 [원가의 제품별 계산방법]

　원가의 제품별 계산은 원가요소를 제품단위에 집계하여 단위 제품의 제조원가를 산정하는 절차를 말하며, 이는 생산형태에 따라 개별원가계산방식과 종합원가계산방식 등으로 분류한다.

■ 원가계산준칙 제18조 [개별원가계산]

　① 개별원가계산은 다른 종류의 제품을 개별적으로 생산하는 생산형태에 적용하며, 각 제조지시서별로 원가를 산정한다.

　② 제조간접비의 제품별 배부액은 각 제조부문별·소공정별 또는 작업단위별로 예정배부율 또는 실제배부기준에 의하여 배부한다. 다만, 필요한 경우에는 제조부문에 배부하지 않고 직접 제품에 부과할 수 있다.

엔효노트

• 개별원가계산
　– 개별원가계산 뜻 : 소량 주문생산
　– 개별원가계산 요점 : 제조간접비 배부

section 기본문제 5-1

01. 다음 자료를 이용하여 7월 중 원가계산표를 완성하고, 재공품계정과 제품계정을 기입 마감하고, 완성품제조원가에 대한 분개를 하시오. 단, 7월 중 제조지시서 #1과 #2는 완성되었고, 제조지시서#3은 미완성이다.

(1) 월초재공품
제조지시서 #1 ₩10,000   제조지시서 #2 ₩11,000

(2) 직접재료비
제조지시서 #1 ₩40,000   제조지시서 #2 ₩30,000   제조지시서 #3 ₩30,000

(3) 직접노무비
제조지시서 #1 ₩23,000   제조지시서 #2 ₩27,000   제조지시서 #3 ₩32,000

(4) 제조간접비 당월 발생액 ₩80,000은 직접재료비법에 의하여 각 제조지시서에 배부한다.

원 가 계 산 표

비 목	제조지시서 #1	제조지시서 #2	제조지시서 #3
월 초 재 공 품			
직 접 재 료 비			
직 접 노 무 비			
제 조 간 접 비			
합 계			

재 공 품

제 품

전 월 이 월	23,000		
		차 월 이 월	19,000

[당월완성품제조원가 분개]

차 변 과 목	금 액	대 변 과 목	금 액

01. 다음 중 개별원가계산이 보다 적합한 업종으로 옳은 것은?

① 교과서 출판업
② 타이어 제조업
③ 개인주택건설업
④ 시멘트생산업

02. 다음 중 개별원가계산을 적용하기에 부적절한 것은?

① 건설업
② 조선업
③ 항공기제조업
④ 대량생산에 의한 기계제조업

03. 다음은 개별원가계산에 대한 설명이다. 틀린 것은?

① 종합원가계산에 비하여 보다 정확한 원가계산이 가능하다.
② 원가기록업무가 비교적 단순하여 경제적이다.
③ 제품별로 손익분석이 가능하다
④ 제조지시서별로 원가계산표를 작성한다.

04. 다음은 개별원가계산제도에 대한 설명이다. 틀린 것은?

① 제품을 비반복적으로 생산하는 업종에 적합한 원가계산제도이다.
② 조선업, 건설업 등 주문생산에 유리하다.
③ 공장전체 제조간접비배분율을 적용하는 것이 제조부문별 제조간접비 배분율을 적용하
   는 것보다 더 정확한 원가배분방법이다.
④ 제조간접비는 일정한 배분기준에 따라 배부하게 된다.

05. 개별원가계산에 대한 설명 중 옳지 않은 것은?

① 제조간접비가 발생하지 않는다.
② 조선업, 영화제작업, 건축업 등의 업종에 적합하다.
③ 개별 작업별 원가는 원가계산표에 의하여 관리된다.
④ 다양한 제품을 주문에 의해 소량으로 생산하는 기업에 적합하다.

06. 개별원가계산제도를 채택하는 경우 제품원가를 정확하게 계산하기 위하여 가장 중요한 것은?

① 제조간접비의 정확한 배부
② 제조직접비의 정확한 배부
③ 직접노무비의 정확한 배부
④ 직접재료비의 정확한 배부

07. 개별원가회계에 적합한 내용을 모두 고르면?

가. 동일한 규격과 품질의 제품
나. 주문에 의한 생산
다. 소품종 대량생산

① 가   ② 나
③ 가, 다   ④ 가, 나, 다

08. 다음 중 개별원가계산제도의 특징으로 옳지 않은 것은?

① 주문생산의 형태
② 직접비와 간접비 구분의 필요
③ 특정 작업지시서에 의한 생산
④ 완성품환산량에 의해 투입된 원가 배분

09. 개별원가계산제도에 있어 각 작업별 직접재료비, 직접노무비, 제조간접비가 집계, 기록되는 장소는?

① 작업원가표
② 제조지시서
③ 세금계산서
④ 매입주문서

10. 다음 중 제조과정 중에 있는 미완성제품의 제조원가를 집계하는 계정은?

① 원재료계정
② 노무비계정
③ 경비계정
④ 재공품계정

section 검정문제 5-1

11. 다음 자료에 의할 때 제조지시서 #1의 제조원가는 얼마인가? 단, 제조간접비는 직접노무비법을 이용하여 구한다.

분　　　　　류	제조지시서 #1	총제조원가
직 접 재 료 비	₩20,000	₩200,000
직 접 노 무 비	18,000	108,000
제 조 간 접 비	(　　　　　)	180,000

① ₩30,000 ② ₩68,000
③ ₩56,000 ④ ₩38,000

12. 다음은 (주)한국의 원가계산과 관련된 자료이다. 직접원가배부법에 의해 제조간접비를 배부하는 경우 제조지시서 #3의 제조원가는?

직접재료비 합계액	₩120,000	직접노무비 합계액	₩240,000
제조간접비 총액	₩48,000	총작업시간	10,000시간
제조지시서 #3 :			
직접재료비	₩4,800	직접노무비	₩2,400
작업시간	500시간		

① ₩960 ② ₩8,160
③ ₩9,120 ④ ₩7,680

13. 정상개별원가계산의 방법에 의하여 제조간접비를 예정배부할 경우 예정배부액은 어떤 산식에 의하여 계산하여야 하는가?

① 실제배부율 × 배부기준의 실제발생량
② 실제배부율 × 배부기준의 예정발생량
③ 예정배부율 × 배부기준의 실제발생량
④ 예정배부율 × 배부기준의 예정발생량

14. 큰나라(주)는 제조 간접비를 기계 시간에 근거한 예정 배부율을 이용하여 개별 작업에 배부하고 있다. 작은 마을 회사가 주문한 작업에 대한 자료는 다음과 같다. 이 작업의 총원가는 얼마인가?

직접 재료비 소비액	₩4,200,000
직접 노무 시간	300시간
시간당 직접 노무임률	₩8,000
기계 시간	200시간
기계 시간당 예정 배부율	₩15,000

① ₩9,600,000
② ₩8,800,000
③ ₩10,300,000
④ ₩11,100,000

15. 다음은 당월 원가자료의 일부이다. 자료에 의하여 당월에 완성된 제품#413의 제조원가를 계산하면 얼마인가? 단, 당사는 제조간접비를 직접노무비법을 사용하여 예정배부하고 있다.

- 당월 제조간접비 발생총액 : 8,200,000원
- 당월 직접노무비 발생총액 : 10,250,000원
- 제조간접비 예정배부율 : 직접노무비 1원당 0.5원
- 제품#413의 직접원가 : 직접재료비 630,000원, 직접노무비 700,000원

① 1,330,000원
② 1,680,000원
③ 1,890,000원
④ 2,160,000원

16. 다음은 제조간접비의 부문별 배부와 공장전체 배부율에 관한 설명이다. 옳지 않은 것은?
① 부문별 배부가 공장전체 배부보다 더 정확하다.
② 모든 부문이 동일한 배부기준을 사용하면 배분결과는 같다.
③ 부문별로 서로 다른 배분기준을 사용할 수 있다.
④ 공장전체 배부가 더 간단하다.

17. 다음은 제조간접비 배부에 관한 자료이다. 공장전체배부율을 사용하는 경우와 부문별배부율을 사용하는 경우 제품A에 대한 제조간접비 배부액은 각각 얼마인가?

	제1부문	제2부문	합계
• 부문비	₩12,000	₩16,000	₩28,000
• 직접노동시간	600시간	400시간	1,000시간
• 제품A	45시간	55시간	100시간

	공장전체배부율사용	부문별배부율사용
①	₩3,100	₩3,320
②	₩2,800	₩3,100
③	₩3,400	₩3,100
④	₩2,800	₩3,080

18. 다음 내용은 개별원가계산의 제조간접비에 관한 내용이다. 가장 옳지 않은 것은 무엇인가?

① 제조간접비의 예정배부액이 실제 발생액보다 작은 경우가 발생할 수 있으며, 이때에는 과소배부액이 발생한다.

② 제조간접비의 배부율은 공장전체배부율을 적용할 수도 있고, 부문별로 적용 할 수도 있다.

③ 재료비는 직접원가이므로 제조간접비를 구성하지 않는다.

④ 제조간접비의 배부율은 노동시간 또는 기계시간 등 가장 합리적인 기준을 적용할 수 있다.

19. 다음은 제조지시서 #6의 제조와 관련된 자료이다. 갑제품의 단위당 제조원가는 얼마인가?

기초재공품원가	₩20,000
기말재공품원가	18,000
당기총제조비용	80,000
#6은 5단위의 갑제품을 생산하는 것이었으며, 당기에 완성되었다.	

① ₩16,000　　　　　　　　　　② ₩23,600

③ ₩16,400　　　　　　　　　　④ ₩15,600

20. 재공품 중에서 당기에 완성된 부문의 원가를 무엇이라고 하는가?

① 제조간접비
② 당기총제조비용
③ 당기제품제조원가
④ 매출원가

21. 다음은 개별원가계산을 시행하고 있는 (주)상공공업의 7월 말 현재의 원가계산표이다. 제품계정과 관련한 분개로 옳은 것은?

제조지시서	#201	#202	#203
전월이월	₩3,000	–	–
직접재료비	4,400	₩6,400	₩4,800
직접노무비	2,600	3,800	2,500
제조간접비	1,400	3,500	4,300
계	11,400	13,700	11,600
기말현황	완성	미완성	미완성

① (차) 재　　공　　품　　11,400 (대) 제　　　　　품　　11,400
② (차) 제　　　　　품　　25,300 (대) 재　　공　　품　　25,300
③ (차) 제　　　　　품　　11,400 (대) 재　　공　　품　　11,400
④ (차) 재　　공　　품　　25,300 (대) 제　　　　　품　　25,300

22. 다음 자료를 이용하여 7월 중 매출원가를 계산하면? 단, 7월 중 제조지시서 NO.22과 NO.24는 완성되었고, NO.23은 미완성이다.

	NO.22	NO.23	NO.24	합 계
월초재공품	10,000	11,000	12,000	33,000
직접재료비	11,000	15,000	21,000	47,000
직접노무비	23,000	27,000	32,000	82,000
제조간접비	20,000	29,000	31,000	80,000
합 계	64,000	82,000	96,000	242,000

제　　품

전 월 이 월	23,000		
		차 월 이 월	19,000

① ₩78,000
② ₩86,000
③ ₩156,000
④ ₩164,000

23. 개별원가계산을 채택하고 있는 춘천공업사의 당월 생산과 관련한 원가자료는 다음과 같다. 제조지시서 No.121과 No.131은 당월에 완성되었고 No.141은 월말 현재 미완성 상태에 있다. 제조간접비는 직접노무비에 대하여 75%를 배부한다면 당월제품제조원가는 얼마인가?

구 분	No.121	No.131	No.141
전월이월액	14,300	–	–
직접재료비	43,150	32,500	28,700
직접노무비	33,500	54,000	34,000
계	90,950	86,500	62,700

① ₩88,200
② ₩116,075
③ ₩243,075
④ ₩331,275

24. 개별원가계산제도를 채택하고 있는 (주)마포의 20×1년 9월 재공품 계정은 다음과 같다.

재 공 품

9월 1일 잔액	30,000	(작업#100)	제　　　품	350,000	
직 접 재 료 비	?		9월 30일 잔액	20,000	(작업#120)
직 접 노 무 비	?				
제 조 간 접 비	80,000				

회사는 제조간접비를 직접노무비 ₩10당 ₩8의 비율로 각 작업에 배부한다. 9월 30일 현재 진행중인 작업은 #120뿐이며, 이 작업에는 직접재료비 ₩7,400이 부과되어 있다. 작업 #120에 배부된 제조간접비는 얼마인가?

① ₩5,400
② ₩5,500
③ ₩5,600
④ ₩5,700

25. 4월 중 재공품계정은 다음과 같고 서울회사는 직접노무비의 60%를 제조간접비로 배부하고 있다. 4월말 현재 제조지시서 No.5만이 미완성상태이다. 제조지시서 No.5의 직접노무비가 ₩60,000인 경우, 제조지시서 No.5의 직접재료비는 얼마인가? (단, 제조지시서 No. 5의 4월초 재공품원가는 없다.)

재 공 품

전 월 이 월	80,000	제 품	680,000
재 료 비	400,000	차 월 이 월	120,000
노 무 비	200,000		
제 조 간 접 비 ( )			

① ₩24,000

② ₩36,000

③ ₩40,000

④ ₩45,000

26. (주)대한은 개별원가계산을 하고 있다. 연말에 기록을 검토하는 중 아래와 같은 오류를 발견했다.

> ₩1,000의 원재료가 창고에서 출하되어 제조 지시서 100번의 작업에 사용되었으나 그에 대한 기록이 누락되었다. 연말 현재 제조 지시서 100번 작업은 완성되었으나, 아직 판매되지 않았다.

다음 중 이로 인한 결과를 가장 옳게 설명한 것은?

① 연말 재공품원가는 ₩1,000 과소계상되었다.

② 당기의 제품제조원가가 ₩1,000 과대계상되었다.

③ 연말 제품원가는 ₩1,000 과소계상되었다.

④ 당기의 매출원가가 ₩1,000 과대계상되었다.

제6장

종합원가계산

01 종합원가계산의 기초

1. 종합원가계산의 뜻

종합원가계산은 성능, 규격 등이 서로 동일 종류 또는 다른 종류의 제품을 연속적으로 대량생산하는 기업 예를 들어 정유업, 제분업, 화학공업 등에서 주로 사용하며 월말재공품평가를 매우 중요시 한다.

2. 개별원가계산과 종합원가계산의 비교

구 분	개별원가계산	종합원가계산
① 생산형태	개별제품 주문생산	동종제품 연속대량생산
② 제조간접비의 배부	필요	원칙적으로 불필요
③ 제품의 종류	제품별로 종류, 모양, 크기 등이 서로 다름	단일 내지 동일종류의 제품
④ 기말재공품의 평가	자동적으로 계산됨	특별히 배분계산함
⑤ 생산 수량	수주수량에 따라 결정됨	생산계획에 따라 연속생산
⑥ 원가의 구분	직접비, 간접비	직접재료비, 가공비
⑦ 제조지시서	특정 제품별 제조지시서	계속제조지시서
⑧ 원가의 집계	제조지시서별 집계	원가계산 기간별 집계

3. 종합원가계산의 절차

(1) 물량흐름의 파악

① 월초재공품수량 + 당월 제조착수 수량 − 월말재공품수량 = 당월완성품수량

② 월초제품수량 + 당월완성품수량 − 월말제품수량 = 당월제품매출수량

(투입)	재 공 품 (수량)	(산출)		제 품 (수량)	
월초재공품수량	당월완성품수량		월 초 제 품 수 량	당월제품매출수량
당월제조착수수량	월말재공품수량		당월완성품수량	월 말 제 품 수 량

(2) 완성품 환산량의 계산

① 완성도 : 공정에 투입되어 현재 생산 진행중에 있는 가공 대상물이 어느 정도 진척되었는가를 나타내는 척도로 40% 또는50%와 같은 형태로 표현된다.

② 완성품 환산량 : 생산활동에 투입한 모든 노력을 제품을 완성하는 데에만 투입하였더라면 완성되었을 완성품 수량으로 환산한 것을 말한다.

> **[완성품 환산량]**
> ① 평 균 법 : 완성품수량 + 월말재공품 환산량 = 완성품환산량
> ② 선입선출법 : 완성품수량 + 월말재공품 환산량 – 월초재공품 환산량 = 완성품 환산량
> → 월초재공품수량 × 완성도 = 월초재공품 환산량
> → 월말재공품수량 × 완성도 = 월말재공품 환산량

(3) 배부될 원가의 요약

원가요소의 투입시점이 재료비는 제조공정의 착수시점이나 제조진행에 따라 투입하지만 가공비는 제조진행에 따라 소비되므로 직접재료비와 가공비로 원가를 요약한다.

(4) 완성품환산량 단위당 원가의 계산

> ① **평균법** : (월초재공품 + 당월투입액) ÷ 완성품환산량 = 완성품환산량 단위당원가
> ② **선입선출법** : 당월투입액 ÷ 완성품환산량 = 완성품환산량 단위당원가

(5) 완성품제조원가와 기말재공품의 원가계산

월말재공품환산량 × 완성품환산량 단위당원가 = 월말재공품원가

월초재공품원가 + 당월총제조원가 – 월말재공품원가 = 완성품제조원가

4. 월말재공품평가

(1) 평균법

당월총제조비용에 월초재공품원가를 가산한 총제조원가를 완성품과 월말재공품에 균등하게 배분하는 방법이다.

① 완성품 환산량 = 완성품수량 + 월말재공품환산량

② 완성품 환산량 단위당 원가 = (월초재공품원가 + 당월투입원가) ÷ 완성품 환산량

③ 월말재공품원가 = 월말재공품환산량 × 완성품환산량단위당원가

■ 월말재공품 환산수량 = 월말재공품수량 × 진척도(완성도)

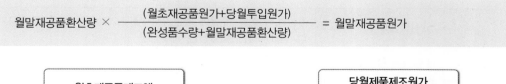

$$월말재공품환산량 \times \frac{(월초재공품원가+당월투입원가)}{(완성품수량+월말재공품환산량)} = 월말재공품원가$$

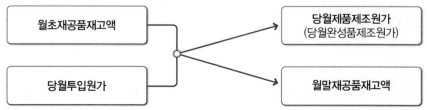

(2) 선입선출법

선입선출법은 전월에 투입된 월초재공품이 먼저 완성되고 당월에 투입된 원가가 완성품과 월말재공품이 된다고 가정하는 방법이다.

① 완성품 환산량 = 완성품수량 + 월말재공품환산량 − 월초재공품환산량

② 완성품 환산량 단위당 원가 = 당월투입원가 ÷ 완성품 환산량

③ 월말재공품원가 = 월말재공품환산량 × 완성품환산량단위당원가

$$월말재공품환산량 \times \frac{당월투입원가}{(완성품수량+월말재공품환산량-월초재공품환산량)} = 월말재공품원가$$

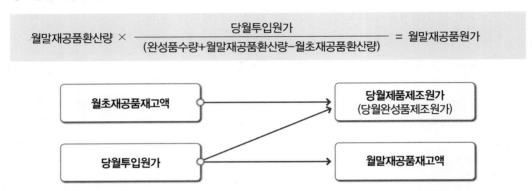

■ 월초(월말)재공품원가가 없는 경우는 평균법과 선입선출법의 월말재공품 원가는 동일하게 계산된다.

(3) 평균법과 선입선출법의 비교

구 분	평균법	선입선출법
배 분 대 상 원 가	당월투입원가와 월초재공품원가	당월투입원가
월초재공품완성도	월초재공품완성도 필요없다.	월초재공품완성도 필요하다.
완 성 품 환 산 량	당월완성품수량 + 월말재공품환산량	당월완성품수량 + 월말재공품환산량 − 월초재공품환산량
장 단 점	계산절차는 간단하나 원가정보의 유용성은 적다.	계산절차는 복잡하지만 원가정보의 유용성이 크다.

5. 원가계산의 종류

개별원가계산		조선업, 건설업, 주문에 의한 가구 및 기계제작업, 토목업, 항공기제조업, 영화제작업, 법률상담, 세무상담
종합원가계산	단 일 종 합 원 가 계 산	얼음제조업, 소금제조업, 기와제조업, 벽돌제조업, 생수제조업
	공정별 종합원가계산	화학공업, 제지공업, 제당공업, 시멘트업
	조 별 종 합 원 가 계 산	식료품제조업, 통조림제조업, 직물업, 제과업, 완구업
	등 급 별 원 가 계 산	제분업, 제화업, 양조업
	연 산 품 원 가 계 산	정유업, 정육업, 낙농업, 제련업

■ 원가계산준칙 제19조 [종합원가계산]

① 종합원가계산은 동일 종류 또는 다른 종류의 제품을 연속하여 반복적으로 생산하는 생산형태에 적용한다.

② 종합원가계산의 단위당 원가는 발생한 모든 원가요소를 집계한 당기 총제조비용에 기초재공품원가를 가산한 후 그 합계액을 완성품과 기말재공품에 안분계산함으로써 완성품총원가를 계산하고, 이를 제품단위에 배분하여 산정한다.

③ 종합원가계산에 있어서 완성품원가와 기말재공품원가는 완성품환산량에 의하여 선입선출법·후입선출법 또는 총평균법 등 기타 합리적인 방법을 적용하여 계산한다.

④ 기말재공품의 완성품환산량은 재료의 투입정도 또는 가공정도 등을 고려하여 직접재료비와 가공비로 구분하여 산정할 수 있다.

⑤ 종합원가계산은 생산되는 제품의 형태 및 공정에 따라 공정별원가계산, 조별원가계산, 등급별원가계산 및 연산품원가계산 등으로 분류한다.

엔토노트 🦋

■ 종합원가계산

• 종합원가계산의 뜻 : 연속 대량생산
• 종합원가계산의 요점 : 월말재공품 평가
• 완 성 도 : 직접재료비 ┬── 제조착수 소비 100%
                         └── 제조진행 소비 (   )%

          가 공 비 ──── 제조진행 소비 (   )%

• 평 균 법 : 말수 $\times \dfrac{(초 + 당)}{(말수 + 완수)}$ = 월말재공품원가

• 선입선출법 : 말수 $\times \dfrac{당}{(완수 + 말수 - 초수)}$ = 월말재공품원가

01. 다음 자료에 의하여 월말재공품원가를 평균법에 의하여 계산하고 물음에 답하시오. 단, 직접재료비는 제조착수시에 전부 투입되고, 가공비는 제조진행에 따라 소비된다.

> (1) 월초재공품 수량 1,500개 (완성도 20%)
>   월초재공품원가 ₩72,000(직접재료비 ₩48,000 가공비 ₩24,000)
> (2) 당월총제조비용 : 직접재료비 ₩180,000   가공비 ₩300,000
> (3) 당월착수수량 4,500개   당월완성품수량 5,000개
> (4) 월말재공품수량 1,000개 (완성도 40%)

(1) 당월재료비 완성품환산량은 몇 개인가?   (개)
(2) 당월가공비 완성품환산량은 몇 개인가?   (개)

공 식	완성품수량 + 월말재공품환산량 = 완성품환산량
재료비	
가공비	

(3) 당월재료비 완성품환산량 단위당원가는?   (@₩   )
(4) 당월가공비 완성품환산량 단위당원가는?   (@₩   )

공 식	(월초재공품원가 + 당월총제조비용) ÷ 완성품환산량 = 완성품환산량 단위당원가
재료비	
가공비	

(5) 월말재공품 재료비 원가는 얼마인가?   (₩   )
(6) 월말재공품 가공비 원가는 얼마인가?   (₩   )
(7) 월말재공품원가는 얼마인가?   (₩   )

공 식	월말재공품환산량 × 완성품환산량 단위당원가 = 월말재공품원가
재료비	
가공비	
합 계	

(8) 당월제품제조원가는 얼마인가?   (₩   )

월초재공품원가 + 당월총제조비용 − 월말재공품원가 = 당월제품제조원가

02. 다음 자료에 의하여 월말재공품원가를 선입선출법에 의하여 계산하고 물음에 답하시오. 단, 직접재료비는 제조착수시에 전부 투입되고, 가공비는 제조진행에 따라 소비된다.

> (1) 월초재공품 : 직접재료비 ₩25,000　　가공비 ₩20,000
> 　　　　　　　　수량 100개 (완성도60%)
> (2) 당월총제조비용 : 직접재료비 ₩350,000　　가공비 ₩372,000
> (3) 당월착수수량 700개　　당월완성품수량 600개
> (4) 월말재공품수량 200개 (완성도 40%)

(1) 당월재료비 완성품환산량은 몇 개인가?　(　　　　개)
(2) 당월가공비 완성품환산량은 몇 개인가?　(　　　　개)

공 식	완성품수량 + 월말재공품환산량 − 월초재공품환산량 = 완성품환산량
재료비	
가공비	

(3) 당월재료비 완성품환산량 단위당원가는?　(@₩　　　　)
(4) 당월가공비 완성품환산량 단위당원가는?　(@₩　　　　)

공 식	당월총제조비용 ÷ 완성품환산량 = 완성품환산량 단위당원가
재료비	
가공비	

(5) 월말재공품 재료비 원가는 얼마인가?　(₩　　　　)
(6) 월말재공품 가공비 원가는 얼마인가?　(₩　　　　)
(7) 월말재공품원가는 얼마인가?　(₩　　　　)

공 식	월말재공품환산량 × 완성품환산량 단위당원가 = 월말재공품원가
재료비	
가공비	
합 계	

(8) 당월제품제조원가는 얼마인가?　(₩　　　　)

월초재공품원가 + 당월총제조비용 − 월말재공품원가 = 당월제품제조원가

03. 다음 원가자료에 의하여 월말재공품 원가를 평균법으로 계산하면 얼마인가?

> (1) 직접재료비 : 월초재공품 ₩160,000, 당월소비액 ₩720,000
> (2) 가 공 비 : 월초재공품 ₩120,000, 당월소비액 ₩232,000
> (3) 월말재공품 : 수량200개(완성도 40%)
> (4) 당월 완성품 수량 : 800개
> (5) 재료와 가공비는 제조진행에 따라 소비한다.

공 식	월말재공품환산량 × $\dfrac{(월초재공품원가 + 당월총제조비용)}{(완성품수량 + 월말재공품환산량)}$ = 월말재공품원가
풀이과정	

04. 다음 원가자료에 의하여 월말재공품 원가를 평균법으로 계산하면 얼마인가?

> (1) 월초재공품 : 직접재료비 ₩6,000   가공비 ₩3,000
> (2) 월말재공품 : 50개(50% 완성)
> (3) 당월 완성품 수량 : 250개
> (4) 당월총제조비용 : 재료비 ₩12,000   가공비 ₩24,500
> (5) 재료는 제조착수시 모두 투입되었다.

공 식	월말재공품환산량 × $\dfrac{(월초재공품원가 + 당월총제조비용)}{(완성품수량 + 월말재공품환산량)}$ = 월말재공품원가
재 료 비	
가 공 비	

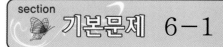

05. 다음의 종합원가계산 자료를 이용하여 기말재공품원가를 계산하시오.

> (1) 월초재공품(30단위 40%) ₩460
> (2) 월말재공품(40단위 60%)
> (3) 당월총제조원가 ₩5,550 완성품(210단위)
> (4) 선입선출법을 사용하며 모든 원가는 진척도에 비례해서 발생한다.

공 식	$월말재공품환산량 \times \dfrac{당월\ 총\ 제조비용}{(완성품수량+월말재공품환산량-월초재공품환산량)} = 월말재공품원가$
풀이과정	

06. 다음 자료에 의하여 월말재공품의 원가를 선입선출법으로 계산하시오.

> (1) 월초재공품 : 재료비 ₩180,000   가공비 ₩620,000
>   수량 300개(완성도 50%)
> (2) 당월제조비용 : 재료비 ₩2,610,000   가공비 ₩1,218,000
> (3) 월말재공품 : 수량 250개(완성도 40%)
> (4) 완성품수량 : 1,500개(재료는 제조착수시 전부 투입 된다.)

공 식	$월말재공품환산량 \times \dfrac{당월\ 총\ 제조비용}{(완성품수량+월말재공품환산량-월초재공품환산량)} = 월말재공품원가$
재 료 비	
가 공 비	

01. 종합원가계산에 적합한 기업들을 모두 고르면?

> 가. 도로 및 항만을 건설하는 기업
> 나. 선박을 주문 생산하는 기업
> 다. 개인주택 건설에 사용되는 붉은 벽돌을 생산하는 기업
> 라. 건축을 위한 설계를 실시하는 기업

① 가
② 다
③ 가, 다, 라
④ 가, 나, 라

02. 개별원가계산과 종합원가계산의 적용산업에 관한 설명 중 가장 옳지 <u>않은</u> 것은?
① 제조업의 경우 섬유업, 제분업, 철강업, 광업 등의 산업에서는 개별원가계산을 적용한다.
② 서비스업의 경우 법률상담, 회계 및 세무상담, 수산업 등에서는 개별원가계산을 적용한다.
③ 제조업의 경우 석유화학업, 플라스틱업, 화학약품제조업, 시멘트생산업, 전력업 등에서는 종합원가계산을 적용한다.
④ 서비스업의 경우 보험회사, 증권회사, 은행 등에서는 종합원가계산을 적용한다

03. 다음 중 종합원가계산의 특징이 <u>아닌</u> 것은?
① 작업원가표 작성
② 제조공정별로 원가집계
③ 제조원가보고서 작성
④ 동종제품을 대량으로 생산하는 기업

04. 종합원가계산을 사용해야 하는 경우는?
① 동종의 유사제품을 대량 생산하는 경우
② 주문을 받고 그 주문내역에 따라 생산하는 경우
③ 다양한 품질의 제품이 한 개씩 생산되는 경우
④ 제조지시서별로 원가를 구분, 집계하여 계산하려고 하는 경우

05. 다음 종합원가계산제도에 대한 설명으로 옳지 <u>않은</u> 것은?

① 공정에 투입되어 현재 생산 진행중에 있는 가공 대상물이 어느 정도 진척되었는가를 나타내는 척도를 '공손률'이라 한다.
② 생산활동에 투입한 모든 노력을 제품을 완성하는데만 투입하였더라면 완성되었을 완성품 수량으로 환산한 것을 '완성품 환산량'이라 한다.
③ 동종의 제품을 대량 생산하는 업종에 적합한 원가계산제도이다.
④ 종합원가계산제도에서는 직접노무비와 제조간접비를 '가공비'로 분류한다.

06. 종합원가계산방법에 대한 설명으로 가장 적절하지 <u>않은</u> 것은?

① 제지업, 섬유업 등 소품종을 대량생산하는 업종의 원가계산에 적합하다.
② 작업지시서별로 작업원가표를 작성한다.
③ 완성품환산량을 기준으로 원가를 배분한다.
④ 여러 공정이 있는 경우에도 사용될 수 있는 원가계산 방법이다.

07. 다음 중 개별원가계산과 비교하여 종합원가계산에서 가장 중요한 사항으로 볼 수 있는 것은 어느 것인가?

① 원가의 형태적 구분
② 원가의 부문별 구분
③ 제조간접비의 배분
④ 기말재공품의 평가

08. 종합원가계산을 설명한 개념으로 옳지 <u>않은</u> 것은?

① 제조간접비의 배부가 필요 없다.
② 수주 수량에 따라 생산 수량이 결정 된다.
③ 일반적으로 원가를 가공비와 재료비로 구분하여 계산한다.
④ 한 종류의 제품을 연속적으로 대량생산하는 기업에서 사용한다.

09. 개별원가계산과 종합원가계산의 비교가 옳지 <u>않은</u> 것은?

① 개별원가계산에서는 제조간접비의 배부과정이 필요하나, 종합원가계산에서는 꼭 필요한 것은 아니다.
② 개별원가계산은 다품종의 제품생산에 적합하나, 종합원가계산은 동일종류 제품생산에 적합하다.
③ 개별원가계산에는 완성품환산량을 적용하나, 종합원가계산에는 그러하지 않다.
④ 개별원가계산과 종합원가계산은 주로 제조업분야에서 활용되는 원가계산방식이다.

10. 개별원가계산과 종합원가계산을 비교한 것이다. 옳지 않은 것은?

   ① 적용 생산형태
   • 개별원가계산 : 다종 제품의 개별생산   • 종합원가계산 : 동종 제품의 연속생산
   ② 제조지시서
   • 개별원가계산 : 특정 제품별 제조지시서   • 종합원가계산 : 계속 제조지시서
   ③ 직·간접비의 구별
   • 개별원가계산 : 반드시 필요함   • 종합원가계산 : 원칙적으로 불필요함
   ④ 원가의 집계
   • 개별원가계산 : 원가계산 기간별 집계   • 종합원가계산 : 제조지시서별 집계

11. 다음 중 종합원가계산에 관한 설명으로 옳지 않은 것은?

   ① 종합원가계산에서는 제조지시서(또는 작업지시서)별로 원가를 집계하고 제품의 개별적
      구분이 표시된다.
   ② 정유업, 제지업, 제분업, 제당업, 화학 공업 등에서 주로 사용한다.
   ③ 제품의 단위당 원가는 당월 제품 제조 원가를 당월 완성품수량으로 나누어 계산한다.
   ④ 종합원가계산에서는 한 종류의 제품만을 연속하여 대량 생산하기 때문에 모든 제조 원
      가가 그 제품의 제조를 위하여 발생한 직접비가 된다.

12. 다음 중 종합원가계산에 대한 설명 중 틀린 것은?

   ① 기초재공품이 없는 경우 완성품환산량은 평균법과 선입선출법이 동일하다.
   ② 단일공정에서 단일제품을 대량생산하는 기업에서 사용하는 원가 계산방법이다.
   ③ 직접재료비와 가공비로 구분하여 원가를 계산한다.
   ④ 완성품환산량은 항상 투입된 재료의 양과 일치한다.

13. 다음은 종합원가계산의 평균법과 선입선출법에 대한 설명이다. 옳지 않은 것은?

   ① 기초재공품이 없다면 두 계산의 결과는 동일하다.
   ② 기말재공품이 없다면 두 계산의 결과는 동일하다.
   ③ 평균법에서는 기초재공품의 진척도 정보가 반드시 필요하다.
   ④ 선입선출법에서 기초재공품원가는 전액 당기완성품원가에 포함된다.

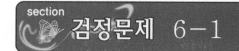

14. **다음의 괄호에 들어갈 적당한 말을 고르시오.**

> (   )은 완성품환산량이라고 하는 인위적 배부기준에 따라 원가배부를 통하여
> 완성품원가와 기말재공품원가의 계산이 이루어진다.

① 요소별원가계산   ② 부문별원가계산

③ 개별원가계산   ④ 종합원가계산

15. **당기총제조비용에 기초재공품원가를 가산한 총제조원가를 완성품과 기말재공품에 균등하게 배분하는 방법은?**

① 선입선출법   ② 후입선출법

③ 평균법   ④ 이동평균법

16. **종합원가계산에서 월말재공품의 완성품 환산량 계산식으로 옳은 것은?**

① 월말 제품 수량 × 완성도

② 월말 재공품 수량 × 완성도

③ 월말 완성품 수량 × 완성도

④ 월말 재료 재고수량 × 완성도

17. **종합원가계산에서 완성품환산량을 계산할 때 일반적으로 재료비와 가공비로 구분하여 원가요소별로 계산하는 가장 올바른 이유는 무엇인가?**

① 직접비와 간접비의 구분이 중요하기 때문에

② 고객의 주문에 따라 제품을 생산하는 주문생산형태에 적합한 생산방식이므로

③ 기초재공품원가와 당기발생원가를 구분해야하기 때문에

④ 일반적으로 재료비와 가공비의 투입시점이 다르기 때문에

18. **완성품환산량의 단위당원가 계산시 평균법에 의한 종합원가계산에서 고려하는 원가는?**

① 당기의 원가와 기말재공품원가의 합계를 고려

② 당기의 원가와 기초재공품원가의 합계를 고려

③ 당기의 원가에서 기초재공품원가의 차감액을 고려

④ 당기의 원가에서 기말재공품원가의 차감액을 고려

19. 다음은 종합원가계산에서 원가를 기말재공품과 완성품에 배부하기 위한 절차이다. 올바른 순서는?

> ⓐ 완성품환산량 단위당 원가의 계산　　ⓑ 완성품과 기말재공품의 원가계산
> ⓒ 물량흐름의 파악　　　　　　　　　　ⓓ 배부될 원가의 요약
> ⓔ 완성품환산량의 계산

① ⓔ-ⓐ-ⓒ-ⓓ-ⓑ　　　　　　② ⓒ-ⓔ-ⓓ-ⓐ-ⓑ
③ ⓓ-ⓔ-ⓐ-ⓒ-ⓑ　　　　　　④ ⓓ-ⓒ-ⓔ-ⓐ-ⓑ

20. 월초재공품 수량 550개(완성도 40%), 제조착수 수량 2,400개, 완성품수량 2,150개일 때 월말재공품 수량을 계산하면 몇 개인가?

① 600개　　　　　　　　　　② 700개
③ 800개　　　　　　　　　　④ 900개

21. 10월초 재공품의 수량은 500개, 완성도는 50%이다. 10월 중 2,000개를 새로이 생산 착수하였으며, 완성품수량은 1,500개이다. 공손은 없으며, 10월말 재공품의 완성도는 80%이다. 평균법을 이용하는 경우, 완성품환산량은 몇 단위인가? (단, 재료는 공정율에 비례하여 투입함)

① 2,300개　　　　　　　　　② 2,050개
③ 1,800개　　　　　　　　　④ 1,000개

22. 기초재공품은 500개이고 완성도는 40%이다. 당기 중 2,500개를 새로이 생산을 착수하였으며, 완성품 수량은 1,800개이다. 공손이나 감손은 없다. 재공품 평가로 선입선출법을 이용하고 있다. 기말재공품의 완성도가 30%라면, 완성품총환산량은 얼마인가?

① 2,050개　　　　　　　　　② 1,960개
③ 1,880개　　　　　　　　　④ 1,640개

23. 기초재공품은 없고 기말재공품의 가공비 완성도는 60%이다. 기말재공품의 가공비 완성품환산량에 대한 설명으로 정확한 것은?

① 완성품수량보다 적다.
② 완성품수량보다 많다.
③ 기말재공품수량보다 적다.
④ 기말재공품수량과 같다.

24. 다음 자료를 보고 선입선출법에 의한 가공비의 완성품환산량을 계산하면 얼마인가?

> 기초재공품 : 10,000단위 (완성도 : 60%)
> 기말재공품 : 20,000단위 (완성도 : 50%)
> 착 수 량 : 30,000단위
> 완성품수량 : 20,000단위
> 원재료는 공정 초에 전량 투입되고, 가공비는 공정전반에 걸쳐 균등하게 발생 한다.

① 10,000단위   ② 20,000단위

③ 24,000단위   ④ 30,000단위

25. 다음은 (주)상공공업에 대한 자료이다.

	기초 재고	기말 재고
• 재공품	0단위	400단위(60%완성)
• 제 품	200	250

당기의 제품판매량은 1,400단위이며 모든 원가는 전 생산공정에 걸쳐 발생한다. (주)상공공업이 당기에 생산한 완성품 환산수량은?

① 1,690단위   ② 1,459단위

③ 1,350단위   ④ 1,590단위

26. (주)대한은 평균법을 이용하여 재공품 평가를 하고 있다. 완성품환산량 단위당 원가를 계산하기 위하여 필요하지 않은 것을 포함한 것은?

① 기초재공품의 수량과 완성도

② 기초재공품원가

③ 기말재공품의 수량과 완성도

④ 완성품수량과 당기제조비용

27. 종합원가계산을 적용하여 원가계산을 진행해온 (주)한국은 20×1년 1월 1일 현재 기초재공품 3,000개(가공비 완성도 30%)이며 당기 중 완성품 수량은 18,000개이고 기말재공품은 2,000개(가공비 완성도 70%)였다. 선입선출법과 평균법의 가공비에 대한 완성품 환산량의 차이는 몇 개 인가?

① 900개   ② 1,400개

③ 2,000개   ④ 4,000개

28. 완성품은 1,000개이고, 기말재공품은 500개(완성도 40%)인 경우 평균법에 의한 종합원가계산에서 재료비 및 가공비 완성품 환산량은 몇 개인가? (재료는 공정 50%시점에 전량 투입되며, 가공비는 전공정에 균일하게 투입된다.)

	[재료비 완성품 환산량]	[가공비 완성품 환산량]
①	1,000개	1,500개
②	1,000개	1,200개
③	1,500개	1,200개
④	1,500개	1,500개

29. 상공공업(주)은 3월1일에 사업을 시작하여 제품을 생산하고 있었다. 생산이 순조롭게 잘 진행되던 중 3월 중순부터 주요원자재의 값이 폭등하였다. 상공공업(주)은 종합원가계산 제도를 채택하고 있다. 상공공업(주)의 원가계산을 선입선출법을 사용하는 경우와 평균법을 사용하는 경우 3월 기말재공품원가는 어떻게 되겠는가?

① 선입선출법을 사용하면 더 크게 나타난다.
② 평균법을 사용하면 더 크게 나타난다.
③ 선입선출법이나 평균법이나 동일하게 나타난다.
④ 차이가 있는지 없는지 알 수 없다.

30. 종합원가계산에서 평균법에 의한 완성품환산량 단위당 원가계산식으로 옳은 것은?

① (당기투입원가 + 기초재공품원가) ÷ 완성품환산량
② (당기투입원가 − 기초재공품원가) ÷ 완성품환산량
③ (당기투입원가 + 기말재공품원가) ÷ 완성품환산량
④ (당기투입원가 − 기말재공품원가) ÷ 완성품환산량

31. 월초 재공품의 가공비는 ₩50,000이고 당월에 발생한 가공비는 ₩350,000이다. 가공비의 완성품환산량은 500개이다. 선입선출법으로 월말 재공품을 평가하는 경우 가공비의 단위당 원가를 계산하면?

① ₩600
② ₩700
③ ₩800
④ ₩900

32. 완성품은 500개이며, 기초재공품은 없으며 기말재공품은 200개(완성도 60%)이다. 가공비는 1,500,000원이 발생하였다. 가공비의 완성품 환산량 단위당 원가는 얼마인가?(재료는 공정초에 모두 투입되고, 가공비는 공정 전반에 걸쳐 균등하게 투입된다. 원단위 미만은 절사함)

① 2,142원   ② 2,419원

③ 2,586원   ④ 12,500원

33. 종합원가계산에서 평균법에 의한 완성품환산량이 재료비 600개, 가공비 720개인 경우, 다음 자료를 이용하여 완성품 환산량 단위당 원가를 계산하면 얼마인가?

기초재공품	재료비 ₩60,000	가공비 ₩12,000
당기발생원가	재료비 ₩24,000	가공비 ₩34,800

① 재료비 ₩140   가공비 ₩65

② 재료비 ₩160   가공비 ₩65

③ 재료비 ₩140   가공비 ₩68

④ 재료비 ₩160   가공비 ₩68

34. (주)대한은 10월의 월초재공품이 3,000개이며, 가공비 완성도는 50%이다. 10월 중 완성품 수량은 8,000개이다. 10월의 월말재공품은 2,000개이며, 가공비 완성도는 70%이다. 직접재료는 공정의 최초 시점에서 모두 투입되며, 가공비는 제조진행에 따라 소비된다. 완성품의 표준작업시간이 2시간일 경우, 10월의 총 노무시간은 얼마인가? (단, 재공품평가는 선입선출법에 의한다.)

① 18,800시간   ② 17,200시간

③ 16,200시간   ④ 15,800시간

35. 종합원가계산에서 재료비가 공정초기에 100% 투입되는 경우, 다음 자료에 의하여 가공비(전환원가)의 완성품환산량 단위당원가를 선입선출법으로 계산하면 얼마인가?

– 기초재공품	6,000단위	(70%완성)
– 기말재공품	8,500단위	(15%완성)
– 당기착수	24,000단위	
– 기초재공품	가공비(전환원가) 50,607원	
– 당기투입원가	가공비(전환원가) 76,956원	

① 7.03원   ② 3.44원

③ 4.14원   ④ 5.71원

36. 평균법으로 종합원가계산을 하고 있다. 기말재공품 200개에 대하여 재료비는 공정초기에 모두 투입되고, 가공비는 제조 진행에 따라 80%를 투입하고 있다. 만일 완성품 환산량 단위당 재료비와 가공비가 각각 380원, 140원이라면, 기말재공품의 원가는 얼마인가?

① 16,000원

② 53,200원

③ 98,400원

④ 100,000원

37. (주)양산의 종합원가계산하의 물량흐름에 관한 자료를 참고하여 기말재공품의 원가를 계산하라.

	재 료 비	가 공 비
• 재료비는 공정초기에 모두 발생하며 가공비는 공정전체에 균일하게 발생한다.		
• 기초재공품 : 1,000단위, 당기 착수량 : 4,000단위, 당기 완성품 : 3,000단위		
• 제조원가 발생액 내역		
기 초 재 공 품 원 가	5,000원	4,000원
당 기 제 조 원 가	20,000원	12,000원
• 기말재공품의 가공비 완성도 50%, 평균법에 의하여 계산한다.		

① 11,000원

② 12,000원

③ 13,000원

④ 14,000원

38. 다음 자료에 의하여 월말재공품의 원가를 평균법으로 계산하면 얼마인가?(단, 재료는 제조과정을 통하여 공정률에 비례하여 투입된다.)

> • 월초재공품원가 ₩250,000
> • 당월총제조비용 ₩1,400,000
> • 당월완성품수량 500개
> • 월말재공품수량 100개(완성도 50%)

① ₩275,000

② ₩150,000

③ ₩250,000

④ ₩137,500

39. 다음 자료로 월말재공품 원가를 계산하면 얼마인가?

> 월초재공품 : 수량 15,000개(완성도 20%)
> 원가 ₩60,600(재료비 ₩48,000 가공비 ₩12,600)
> 당월재료비 ₩180,000   당월가공비 ₩306,000
> 당월착수수량 45,000개   당월완성품수량 (   )개
> 월말재공품 : 수량 10,000개(완성도 40%)
> 월말재공품 평가는 평균법, 재료는 제조착수시 전부투입됨

① ₩20,000

② ₩23,600

③ ₩61,600

④ ₩38,000

40. 다음 자료를 이용하여 기말재공품 평가액을 선입선출법에 의하여 구하여라.

> • 기초 재공품 수량 : 100개
>   – 재료비 : ₩25,000   진척도 60%
>   – 가공비 : ₩20,000   진척도 40%
> • 당기 총제조비용 :
>   – 재료비 : ₩400,000
>   – 가공비 : ₩250,000
>   – 완성품 수량 : 600개
>   – 기말재공품 수량 : 200개
>   – 재료비 진척도 : 50%
>   – 가공비 진척도 : 40%

① 재료비 ₩62,500   가공비 ₩31,250

② 재료비 ₩65,250   가공비 ₩31,250

③ 재료비 ₩65,250   가공비 ₩31,520

④ 재료비 ₩62,500   가공비 ₩31,520

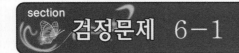
41. 다음은 (주)상공의 종합원가계산을 위한 자료이다.

기초재공품의 가공비	: ₩120,000
기초재공품 수량	: 100개(완성도 60%)
당기 착수수량	: 400개
당기 완성품수량	: 440개
재공품 평가방법	: 선입선출법
당기 중 가공비	: ₩820,000

기말재공품의 완성도가 50%라면 가공비의 기말재공품원가를 계산하면 얼마인가? (단, 생산과정 중 공손이나 감손은 발생하지 않았다.)

① ₩40,000

② ₩50,000

③ ₩55,000

④ ₩60,000

42. 다음 중 원가회계에 대한 설명으로 틀린 것은?

① 개별원가회계는 제품별로 원가계산을 하게 되므로 원가를 직접비와 간접비로 구분하여 공통원가인 간접비는 합리적인 방법에 의하여 제품별로 배부하여야 한다.

② 종합원가회계에서 기초재공품이 없다면 선입선출법과 평균법에서 계산한 기말재공품 가액은 동일하다.

③ 실제원가회계는 실제원가를 기초로 제품원가를 계산하게 되므로 회계기초에는 전기 원가자료를 바탕으로 추정된 원가를 적용한 후 회계기말에 실제원가로 수정하는 방법이다.

④ 예정원가회계는 제품 제조 착수 이전에 원가를 예상하여 제품의 원가를 계산한 후 실제원가가 집계된 이후에 그 차이를 조정하는 방법이다.

43. 종합원가계산의 평균법과 선입선출법을 설명한 다음 설명 중 옳지 않은 것은?

① 선입선출법에서 기초재공품원가가 우선적으로 완성품원가에 산입된다.

② 평균법에서 기초재공품의 완성도는 원가계산에 필요하지 않다.

③ 선입선출법에서 완성품환산량 단위당원가는 (당기투입원가 ÷ 완성품환산량)이다.

④ 평균법에서 완성품환산량은 (당기투입량 + 기말재공품환산량)이다.

44. 우리나라 원가계산준칙에 의한 종합원가계산을 설명한 것 중 옳지 않은 것은?

① 종합원가계산은 동일 종류 또는 다른 종류의 제품을 연속하여 반복적으로 생산하는 생산형태에 적용한다.

② 종합원가계산의 단위당 원가는 발생한 모든 원가요소를 집계한 당기총제조비용에 기초재공품원가를 가산한 후 그 합계액을 완성품과 기말재공품에 안분배분함으로써 완성품 총원가를 계산하고, 이를 제품 단위에 배분하여 산정한다.

③ 종합원가계산에 있어서 완성품원가와 기말재공품원가는 완성품환산량에 의하여 선입선출법, 후입선출법 또는 총평균법 등 기타 합리적인 방법을 적용하여 계산한다.

④ 기말재공품의 완성품환산량은 재료의 투입 정도 또는 가공 정도 등을 고려하여 직접재료비와 노무비 및 경비로 구분하여 산정한다.

45. 다음은 기말재공품평가시 평균법과 선입선출법의 비교 설명이다. 잘못된 것은?

① 어떤 방법을 사용하는가에 따라 기말재공품 원가가 달라진다.

② 기초재공품의 완성도를 모를 경우에는 평균법 만이 적용가능하다.

③ 선입선출법은 평균법에 비하여 계산된 완성품환산량이 작거나 같다.

④ 선입선출법은 기초재공품의 완성도를 모를 경우에도 적용가능하다.

46. 다음 자료를 보고 종합원가계산시 평균법에 의한 기말재공품 완성도를 계산하면?

- 당기완성품 수량　：100개
- 기말재공품수량　：50개
- 기초 재공품가공비：50,000원
- 당기투입가공비　：450,000원
- 기말 재공품가공비：100,000원

① 40%　　　　　　　　　② 50%

③ 60%　　　　　　　　　④ 70%

02 단일 종합원가계산

1. 단일종합원가계산의 뜻

한 종류의 제품을 한 공정에서 대량으로 제조하는 경우의 원가계산으로 생수회사, 얼음제조업, 소금제조업, 기와·벽돌제조업에서 사용하는 원가계산방법이다.

2. 단일종합원가계산의 순서

(1) 일정한 기간에 발생한 원가총액을 집계한다.

(2) 당월총제조원가에 월초재공품원가를 가산하고, 월말재공품원가를 차감하여 당월제품제조원가를 계산한다.

(3) 당월제품제조원가를 당월완성품수량으로 나누어 제품의 단위당 원가를 계산한다.

3. 단일종합원가계산표

단 일 종 합 원 가 계 산 표

적　　　요	직접재료비	가 공 비	합　　계
재　　료　　비	×××	×××	×××
노　　무　　비		×××	×××
제　조　경　비		×××	×××
당 월 총 제 조 원 가	×××	×××	×××
월 초 재 공 품 원 가	×××	×××	×××
합　　　　계	×××	×××	×××
월 말 재 공 품 원 가	(×××)	(×××)	(×××)
당 월 제 품 제 조 원 가	×××	×××	×××
완 성 품 수 량	×× 개	×× 개	×× 개
완 성 품 단 위 당 원 가	@₩××	@₩××	@₩××

앤호노트

[단일종합원가계산]

• 단일종합원가계산 뜻 : 한 종류의 제품을 한 공정에서 대량생산한다.
• 단일종합원가계산 업종 : 얼음, 소금, 기와, 벽돌

01. 다음 자료로 평균법에 의하여 단일 종합원가계산표를 작성하시오. 단 직접재료비는 제조 착수시에 전부 투입되는 것으로 한다.

(1) 월초재공품 : 재료비 ₩40,000　　가공비 ₩53,920
　　　　　　　　　수량 200개(완성도 50%)
(2) 월말재공품 : 수량 400개(완성도 40%)
(3) 당월 완성품 : 수량 1,800개

단 일 종 합 원 가 계 산 표

적　요	직접재료비	가 공 비	합　　계
재　　　료　　　비	422,000		(　　　　　)
노　　　무　　　비		710,000	(　　　　　)
제　　조　　경　　비		220,000	(　　　　　)
당 월 총 제 조 원 가	(　　　　　)	(　　　　　)	(　　　　　)
월 초 재 공 품 원 가	(　　　　　)	(　　　　　)	(　　　　　)
합　　　　　계	(　　　　　)	(　　　　　)	(　　　　　)
월 말 재 공 품 원 가	(　　　　　)	(　　　　　)	(　　　　　)
당 월 제 품 제 조 원 가	(　　　　　)	(　　　　　)	(　　　　　)
완 성 품 수 량	(　　　　　)개	(　　　　　)개	(　　　　　)개
완 성 품 단 위 당 원 가	@₩(　　　　　)	@₩(　　　　　)	@₩(　　　　　)

구　분	계 산 과 정
월말재공품 직접재료비	
월말재공품 가공비	

재 공 품

02. 다음 자료에 의하여 단일종합원가계산표를 작성하시오.

(1) 월초재공품
  - 수량 : 1,000개(완성도 : 30%)
  - 원가 : 직접재료비 ₩220,000   가공비 ₩80,000

(2) 당월총제조비용
  - 직접재료비 ₩1,000,000   노무비 ₩500,000   제조경비 ₩320,000

(3) 월말 재공품 수량 : 1,000개(완성도 : 50%)
  - 월말재공품의 평가는 선입선출법에 의하며, 재료는 제조착수 시 전부 투입되며,
    가공비는 제조진행에 따라 발생하는 것으로 가정한다.

(4) 완성품 수량 : 8,000개

단 일 종 합 원 가 계 산 표

적 요	직접재료비	가 공 비	합 계
재 료 비	( )		( )
노 무 비		( )	( )
제 조 경 비		( )	( )
당 월 총 제 조 비 용	( )	( )	( )
월 초 재 공 품 원 가	( )	( )	( )
합 계	( )	( )	( )
월 말 재 공 품 원 가	( )	( )	( )
당 월 제 품 제 조 원 가	( )	( )	( )
완 성 품 수 량	( ) 개	( ) 개	( ) 개
완성품단위당원가			
월 초 분	@₩ ( )	@₩ ( )	@₩ ( )
당 월 착 수 분	@₩ ( )	@₩ ( )	@₩ ( )

구 분	계 산 과 정
월말재공품 직접재료비	
월말재공품 가공비	
월초분 재료비 단위당원가	
월초분 가공비 단위당원가	

01. 다음은 무엇을 설명한 것인가?

> • 한 종류의 제품을 한 공정에서 대량으로 제조하는 경우의 원가계산
> • 얼음제조업, 기와제조업, 소금제조업 등에서 사용

① 단일 종합원가계산
② 공정별 종합원가계산
③ 개별원가계산
④ 부문별원가계산

02. 다음 자료에 의하여 단위당 제품원가를 구하면 얼마인가?

> • 기초 재공품 재고액   ₩200,000
> • 기말 재공품 재고액   ₩300,000
> • 당기 총 제조 비용   ₩600,000
> • 당기 완성품 수량   2,000개

① @₩200   ② @₩250
③ @₩300   ④ @₩350

03. 다음 자료를 이용하여 당월에 완성된 제품의 단위당 원가를 구하면 얼마인가?

재 공 품

월 초 재 고 당	20,000	( )	( )
당월총제조비용	( )	월 말 재 고	30,000
	120,000		( )

> ▶ 월초제품수량   120개
> ▶ 월말제품수량   100개
> ▶ 당월제품판매수량   620개

① ₩150   ② ₩600
③ ₩200   ④ ₩750

04. 다음 자료에 의하여 월말 재공품 원가를 평균법으로 계산하면 얼마인가? (원재료는 제조 진행에 따라 투입되었다.)

> ▸ 월초 재공품 재고액 : ₩50,000
> ▸ 당월 완성품 수량 : 1,200개
> ▸ 당월 총 제조비용 : ₩300,000
> ▸ 월말 재공품 수량 : 100개 (완성도 50%)

① ₩12,000   ② ₩13,000
③ ₩14,000   ④ ₩15,000

05. 다음 원가 자료를 기초로 당월 완성품 원가를 계산하면 얼마인가? (단, 기말 재공품 평가는 평균법에 의한다.)

> ★ 월초 재공품 : 수량 70개(진척도40%), 원가₩500,000
> ★ 당월 착수 수량 : 200개
> ★ 당월 투입된 제조비용 : ₩1,500,000
> ★ 월말 재공품 : 수량 40개(진척도 50%)
> ★ 재료비와 가공비 모두 제조가 진행됨에 따라 평균적으로 발생

① ₩1,620,000   ② ₩1,730,000
③ ₩1,840,000   ④ ₩1,960,000

06. 선입선출법을 사용하여 완성품원가를 계산한다. 모든 원가는 완성도에 비례해서 발생한다.

	수 량	완성도	원 가
기 초 재 공 품	100단위	50%	₩3,600
기 말 재 공 품	150	40%	
당 기 투 입	400		18,000
당 기 완 성	350		

① ₩18,600   ② ₩15,000
③ ₩18,200   ④ ₩16,400

07. (주)상공공업은 선풍기를 대량으로 생산하는 제조업체이다. (주)상공공업의 월초재공품원가 ₩200,000, 수량 400개 (완성도 50%), 당월총제조비용 ₩3,782,000, 당월에 완성품수량은 1,300개, 월말재공품수량은 200개(완성도 60%)일 경우 당기완성품원가를 계산하면 얼마인가?(단. 모든 원가요소는 제조진행에 따라 소비하며 월말재공품의 평가는 선입선출법에 의한다.)

① ₩2,680,230
② ₩2,691,230
③ ₩3,700,230
④ ₩3,610,000

08. 다음 중 단일종합원가계산에서 평균법에 의한 경우와 선입선출법에 의한 경우 완성품원가가 동일하게 산출되는 경우는?

① 기초제품과 기말제품이 동일한 경우
② 기초재공품과 기말재공품의 완성도가 동일한 경우
③ 기말재료가 없는 경우
④ 기초재공품이 없는 경우

09. 다음은 (주)대한의 10월 중 생산관련 자료이다.

항 목	수 량	완성도
월초재공품	100개	50%
월말재공품	150개	80%

10월 중 500개가 완성되었으며, 가공비는 ₩570,000이 발생하였다. 또한 월초재공품의 가공비는 ₩80,000이었다. 선입선출법을 이용하는 경우, 10월 완성품의 가공비는 얼마인가?

① ₩550,000
② ₩530,000
③ ₩520,000
④ ₩500,000

10. 다음 자료에 의하여 평균법으로 완성품원가를 계산하면 얼마인가?

	수 량	직접재료비(완성도)	가공비(완성도)
기초재공품	300단위	₩8,400 (100%)	₩2,400 (40%)
기말재공품	200단위	(100%)	(60%)
당기투입량	700단위	₩14,600	₩14,160
당기완성품	800단위		

① ₩30,200

② ₩35,400

③ ₩32,800

④ ₩36,800

11. 다음은 평균법을 사용하고 있는 종합원가계산 자료의 일부이다. 기초재공품원가는 얼마인가?

기초재공품(150개, 완성도 60%)
기말재공품(100개, 완성도 50%) ₩1,600
당기투입원가 ₩12,200   완성품(400개)
단, 모든 원가는 진척도에 비례해서 발생한다.

① ₩2,200

② ₩2,000

③ ₩2,600

④ ₩1,800

03 공정별 종합원가계산

1. 공정별 종합원가계산의 뜻

공정별 종합원가계산은 2개 이상의 제조공정을 거쳐 제품을 연속 대량생산하는 생산형태인 화학공업, 제지업, 제당업에서 이용된다. 공정별 원가계산에서 최종공정 이전의 공정에서 완성된 것을 반제품이라 하고 최종공정에서 완성된 것을 제품이라 한다.

2. 공정별 종합원가계산의 회계처리

(1) 제1공정 완성품이 전부 제2공정(최종공정)에 대체되는 경우

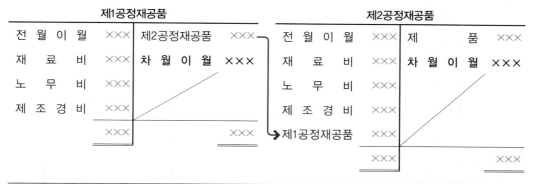

구 분	차 변		대 변	
제1공정 완성품대체	제 2 공 정 재 공 품	×××	제 1 공 정 재 공 품	×××
제2공정 완성품대체	제 품	×××	제 2 공 정 재 공 품	×××

■ **원가계산준칙 제20조 [공정별원가계산]**

① 공정별원가계산은 제조공정이 2 이상의 연속되는 공정으로 구분되고 각 공정별로 당해 공정제품의 제조원가를 계산할 경우에 적용한다.

② 전공정에서 다음 공정으로 대체되는 제조원가는 전공정대체원가로 하여 다음 공정의 제조원가에 가산한다.

③ 재료가 최초 공정에 전량 투입되고 다음 공정 이후에는 단순히 가공비만이 발생하는 경우 완성품 총원가는 각 공정별로 가공비를 집계하고 여기에 재료비를 가산하여 계산할 수 있다.

(2) 제1공정 완성품이 일부만 제2공정(최종공정)에 대체되는 경우

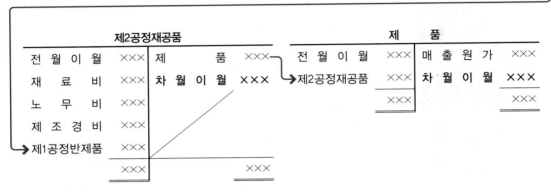

구　분	차　변		대　변	
제1공정 완성품대체	제 1 공 정 반 제 품	×××	제 1 공 정 재 공 품	×××
제1공정 반제품대체	제 2 공 정 재 공 품	×××	제 1 공 정 반 제 품	×××
제2공정 완성품대체	제　　　　품	×××	제 2 공 정 재 공 품	×××

(3) 월말재공품평가

　　공정별 종합원가계산에서 기말재공품 평가는 공정별로 순차적으로 하여야 한다. 자공정비와
　　전공정비로 구분하여 계산하며, 전공정비는 공정의 착수 시점에 투입하므로 완성도는 항상
　　100%이다.

엔트노트

공정별 종합원가계산

• 공정별 종합원가계산의 뜻 : 2이상의 제조공정에서 제품을 대량생산하는 형태
• 공정별 종합원가계산의 업종 : 화학, 제지, 제당
• 전부대체 된 경우 계정이동 : 제1공정재공품 → 제2공정재공품(최종공정) → 제품
• 일부대체 된 경우 계정이동 : 제1공정재공품 → 제1공정반제품 → 제2공정재공품(최종공정) →제품

01. 다음 자료에 의하여 공정별 종합원가계산표를 완성하고, 아래 계정에 전기하시오. 단, 제1공정 완성품은 전부 제2공정에 즉시 대체하며 제2공정이 최종공정이다. 제1공정 월말재공품평가는 평균법에 의하고, 모든원가는 제조진행에 따라 소비한다.

구 분	제 1 공 정	제 2 공 정
공 정 개 별 비	₩50,000	₩100,000
공 정 공 통 비	₩37,000	₩120,000
월 초 재 공 품	₩30,000	₩40,000
월 말 재 공 품 수 량 및 원 가 완 성 도	수량 50개 60%	₩100,000
완 성 품 수 량	100개	200개

공 정 별 종 합 원 가 계 산 표

적 요	제 1 공 정	제 2 공 정	합 계
공 정 개 별 비			
공 정 공 통 비			
전 공 정 비			
당 월 총 제 조 비 용			
월 초 재 공 품 원 가			
합 계			
월 말 재 공 품 원 가			
당 월 제 품 제 조 원 가			
당 월 완 성 품 수 량	( ) 개	( ) 개	
완 성 품 단 위 당 원 가	@₩( )	@₩( )	

구 분	계 산 과 정
제1공정 월말재공품	

제 1 공 정 재 공 품

제 2 공 정 재 공 품

[완성품 원가분개]

구분	차 변 과 목	금 액	대 변 과 목	금 액
제1공정완성품				
제2공정완성품				

01. 다음은 무엇을 설명한 것인가?

- 일정한 제품이 연속된 여러 공정을 통하여 대량 연속 생산하는 경우의 원가계산
- 화학공업, 펄프제지업, 제당업 등에서 사용

① 공정별 종합원가계산
② 가공비 공정별 종합원가계산
③ 부문별 원가계산
④ 요소별 원가계산

02. 공정별 종합원가계산에 있어서 원가를 각 공정별로 파악하는 목적이 <u>아닌</u> 것은?

① 보다 정확한 원가계산
② 효율적인 원가관리
③ 부문관리자의 업적평가
④ 노무비와 제조간접비의 구분파악 용이

03. 자가제조한 중간제품과 부분품 등을 무엇이라 하는가?

① 반제품   ② 재공품
③ 작업폐물   ④ 연산품

04. 다음 중 공정별종합원가계산에 대한 설명으로 옳은 것은?

① 단일공정하의 다품종 제품을 생산하는데 적합한 원가계산방법이다.
② 전공정에서 발생한 가공비는 전공정원가에 포함되지 않는다.
③ 다음 공정으로 대체되는 원가를 전공정원가라 한다.
④ 소량주문제작하는 제품의 원가계산에 적합하다.

05. 공정별 종합원가계산에 대한 설명으로 가장 올바른 것은?

① 2개 이상의 제조공정을 거쳐 제품을 연속 대량생산하는 생산형태에서 적용한다.
② 하나의 공정만을 가지고 있는 제품을 반복적으로 연속 대량생산하는 생산형태에서 적용한다.
③ 원가요소의 소비액을 제조직접비와 제조간접비로 구분 하여 계산한다.
④ 일반적으로 조선소에서 선박의 건조에 적용한다.

06. 다음 중 종합원가 계산시 완성도가 언제나 100%인 것은?

① 전공정비　　　　　　　　　　② 직접재료비
③ 가공비　　　　　　　　　　　④ 제조간접비

07. 다음은 선입선출법에 따라 공정별원가계산을 시행하고 있는 제2공정의 원가자료이다. 당기전공정대체원가에 대한 완성품환산량은 얼마인가?

기 초 재 공 품	(120단위 40%)	기 말 재 공 품	(100단위 50%)
완　　성　　품	(420단위)		

① 400단위　　　　　　　　　　② 540단위
③ 520단위　　　　　　　　　　④ 420단위

08. 다음은 공정별 종합원가계산 중 제2공정에 대한 자료의 일부이다. 당월 제1공정으로부터 400단위(원가 ₩9,600)를 받아 제2공정에 투입하였다. 제2공정은 선입선출법에 따라 원가계산을 하고 있다. 제2공정의 전공정비에 대한 완성품환산량 단위당 원가는 얼마인가?

	수　량	전공정비
월 초 재 공 품	100단위	₩2,100
월 말 재 공 품	200단위	

① ₩20　　　　　　　　　　　② ₩24
③ ₩32　　　　　　　　　　　④ ₩36

09. (주)송탄기업은 제1공정에서 완성된 완성품 전액을 제2공정에 대체하며, 제2공정에서 완성된 전액은 제3공정으로 대체하여 최종공정인 제3공정에서 제품이 완성된다. 제1공정 완성품원가 ₩3,000,000 제2공정 완성품원가 ₩1,500,000 제3공정의 월초재공품 ₩600,000 월말재공품 ₩500,000 직접재료비 ₩800,000 가공비 ₩1,200,000일 경우 완성품 제조원가는 얼마인가?

① ₩3,680,000　　　　　　　　② ₩3,691,000
③ ₩3,600,000　　　　　　　　④ ₩3,720,000

10. 제품 A는 제1공정과 제2공정을 통해 생산되고 있으며, 두 공정 모두 선입선출법에 의해 재공품을 평가하고 있다. 다음을 기초로 제1공정의 월말 재공품의 원가를 계산하면?(단, 모든 원가 요소는 전 공정을 통하여 균일하게 발생한다.)

〈제 1 공정의 원가 자료〉

- 월초재공품원가　　 ₩42,500
- 당월투입제조비용　 ₩340,000
- 제1공정 완성품 900개는 전량 제2공정으로 대체
- 재공품 수량 : 월초 250개 (완성도 40%)
　　　　　　　　 월말 100개 (완성도 50%)

① ₩20,000　　　　　　　　　② ₩22,500

③ ₩23,500　　　　　　　　　④ ₩24,000

11. 제2공정에서 원재료를 완성도 60%시점에서 투입할 때, 50%가 완성된 기말재공품은 다음의 어느 경우에 해당하는가?

	재료비	가공비			재료비	가공비
①	비포함	포 함		②	포 함	비포함
③	포 함	포 함		④	비포함	비포함

12. 다음은 평균법을 사용하고 있는 원가자료의 일부다. 제1공정에서는 공정초기에 재료를 전량 투입하고 제2공정에서는 50% 시점에 재료를 전량 투입한다. 재료에 대한 제1공정과 제2공정의 완성품환산량을 계산하라.

	제1공정		제2공정	
	수 량	완성도	수 량	완성도
기초재공품	200	0.4	100	0.3
기말재공품	300	0.6	200	0.4
당기투입량	600		?	
당기완성품	?		?	

	제1공정	제2공정		제1공정	제2공정
①	800	400	②	820	600
③	740	480	④	740	600

13. 연속공정을 통하여 제품을 생산하는 (주)상공의 원가자료는 다음과 같다.

제1공정 재공품

전 월 이 월	30,000	(	)	(	)
공 정 개 별 비	50,000	차 월 이 월		(	)
공 정 공 통 비	40,000				

제2공정 재공품

전 월 이 월	40,000	(	)	(	ⓛ)
공 정 개 별 비	100,000	차 월 이 월		(	)
공 정 공 통 비	120,000				
(㉠	)	(	)		

1공정 완성품은 2공정으로 즉시 대체되고 1공정과 2공정에 대한 월말재공품 평가액이 각각 ₩30,000과 ₩100,000일 경우, ㉠에 적합한 계정과목과 ⓛ의 금액은 다음 중에서 어느 것인가?

① ㉠ : 2공정 재공품   ⓛ : ₩250,000
② ㉠ : 2공정 재공품   ⓛ : ₩180,000
③ ㉠ : 1공정 재공품   ⓛ : ₩250,000
④ ㉠ : 1공정 재공품   ⓛ : ₩180,000

14. 제1공정의 완성품을 전액 제2공정에 대체하는 경우 제2공정의 전공정비에 대한 설명으로 맞는 것은?

① 제1공정의 월초재공품재고액
② 제1공정의 월말재공품재고액
③ 제1공정의 재료비, 노무비, 제조경비의 소비액
④ 제1공정의 완성품제조원가

15. 옥천기업은 공정별 종합원가계산을 채택하고 있다. 제1공정에서 단위당 ₩200인 완성품 2,000개 중 1,200개만 제2공정으로 대체되었을 때의 분개로 옳은 것은?

① (차) 제 1 공 정 반 제 품   240,000   (대) 제 1 공 정 재 공 품   240,000
② (차) 제 2 공 정 재 공 품   240,000   (대) 제 1 공 정 반 제 품   240,000
③ (차) 제 2 공 정 재 공 품   400,000   (대) 제 1 공 정 재 공 품   400,000
④ (차) 제 2 공 정 재 공 품   400,000   (대) 제 1 공 정 반 제 품   400,000

04 조별 종합원가계산

1. 조별 종합원가계산의 뜻

종류가 다른 제품을 연속적으로 대량 생산하는 제과업, 통조림제조업, 식품제조업, 직물업, 완구업 등에서 사용하는 원가계산 방법으로 조별로 원가를 집계한 다음 조직접비는 각 조에 직접 부담시키고, 조간접비는 일정한 배부기준에 따라 각 조에 배분한다.

2. 조별 종합원가계산의 회계처리

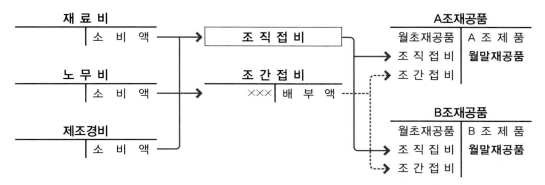

구　분	차　변	대　변
조 간 접 비　배 부 분　　　　개	A　조　재　공　품　××× B　조　재　공　품　×××	조　　간　　접　　비　×××
각 조 별　완 성 품 분　　　　개	A　조　제　품　××× B　조　제　품　×××	A　조　재　공　품　××× B　조　재　공　품　×××

　▣ **원가계산준칙 제21조 [조별원가계산]**
　① 조별원가계산은 다른 종류의 제품을 조별로 연속하여 생산하는 생산형태에 적용한다.
　② 조별원가계산에서는 당해 기간의 제조원가를 조직접비와 조간접비로 구분하여 조직접비는 각 조에 직접 부과하고, 조간접비는 일정한 배부기준에 의하여 각 조별로 배부하여 조별총제조원가를 산출한다.

엔토노트

[조별종합원가계산]
• 조별종합원가계산의 뜻 : 다른 종류의 제품을 조별로 연속대량생산하는 형태
• 조별종합원가계산 업종 : 식료품, 통조림, 직물, 제과, 완구
• 조직접비는 부과하고, 조간접비는 배부한다.

01. 다음 자료에 의하여 조별종합원가계산표를 완성하고, 아래 계정에 기입한 후 완성품분개를 하시오.
조간접비 ₩400,000의 배부는 직접재료비를 기준으로 배부하며, 월말재공품재고액을 평균법으로
평가한다. 단, 재료비는 제조착수 시 전부 투입되고, 가공비는 제조진행에 따라소비된다.

(1) 조직접비

    직접재료비 : A조 ₩650,000   B조 ₩800,000
    가 공 비 : A조 ₩360,000   B조 ₩460,000

(2) 조간접비는 ₩435,000의 배부는 직접재료비를 기준으로 배부한다.

(3) 월초재공품원가

    A조 재 료 비 ₩280,000   B조 재 료 비 ₩340,000
        가 공 비 ₩257,000   가 공 비 ₩164,000

(4) 월말재공품원가 : A조 500개(완성도 60%) B조 400개(완성도 50%)

(5) 완성품 수량 :   A조 2,600개   B조 3,400개

조 별 종 합 원 가 계 산 표

적 요	A 조	B 조	합 계
조 직 접 비			
재 료 비			
가 공 비			
조 간 접 비			
당 월 총 제 조 비 용			
월 초 재 공 품			
재 료 비			
가 공 비			
합 계			
월 말 재 공 품			
재 료 비			
가 공 비			
당 월 제 품 제 조 원 가			
당 월 완 성 품 수 량	( )개	( )개	
단 위 당 원 가	@₩( )	@₩( )	

[월말재공품 평가]

A조 월말재공품	재료비	
	가공비	
B조 월말재공품	재료비	
	가공비	

A 조 재 공 품	B 조 재 공 품

[완성품 원가분개]

구분	차 변 과 목	금 액	대 변 과 목	금 액
A조 완성품				
B조 완성품				

01. 조별 원가계산이 가장 적절하지 <u>않은</u> 경우?

① 식료품 제조업

② 제과업

③ 통조림 제조업

④ 제염업

02. **다음은 무엇을 설명한 것인가?**

> • 여러 종류의 제품들을 계속 생산하는 공장에서 적용되는 원가계산방법
> • 식료품 제조업, 자동차 제조업, 전기기구 제조업, 완구업, 기계제조업, 공구제조업, 제과업, 통조림 제조업, 직물업 등에서 사용

① 조별 종합원가계산

② 부문별 원가계산

③ 개별 원가계산

④ 등급별 종합원가계산

03. **원가요소를 각 조별로 집계할 때 조직접비와 조간접비에 대한 설명으로 알맞은 것은?**

① 조직접비와 조간접비는 각 조에 직접 부과한다.

② 조직접비와 조간접비는 각 조에 직접 배부한다.

③ 조직접비는 각 조에 배부하고 조간접비는 각 조에 직접 부과한다.

④ 조직접비는 각 조에 직접 부과하고 조간접비는 각 조에 배부한다.

04. **조별원가계산에 관한 설명 중 틀린 것은?**

① 조별원가계산은 각기 다른 종류의 제품을 조별로 연속하여 생산하는 생산형태에 적용한다.

② 조별원가계산은 당해 기간의 제조원가를 조직접비와 조간접비로 구분하여 조직접비는 각 조에 직접부과하고, 조간접비는 일정한 배부기준에 의하여 각 조별로 배부하여 조별 총제조원가를 산출한다.

③ 조별원가계산에서 조별이란 부문별이란 뜻이다.

④ 조별원가계산은 원가를 각 조별로 집계한 다음, 이를 각 조별 완성품 수량으로 나누어 제품의 단위당 원가를 계산한다.

05. 다음의 조별원가계산에 대한 설명 중 옳지 않은 것은?

① 조별로 원가를 집계한 다음 종합원가계산 절차를 따른다.
② 조직접비는 각 조에 직접 부담시킨다.
③ 조간접비는 일정한 배부기준에 따라 각 조에 배분한다.
④ 각 조는 작업지시서 단위로 원가를 계산한다.

06. 조별원가계산을 적용하고 있는 (주)한국은 원가계산을 위하여 제조간접비 ₩30,000을 A조와 B조에 각각 30%와 70%를 배부하였다. 적절한 분개는?

① (차) A조 재　공　품　　9,000　　(대) 제 조 간 접 비　30,000
　　　 B조 재　공　품　　21,000
② (차) A조 제　　　　품　　9,000　　(대) 제 조 간 접 비　30,000
　　　 B조 제　　　　품　　21,000
③ (차) A조 제　　　　품　　9,000　　(대) 재　　　공　　　품　30,000
　　　 B조 제　　　　품　　21,000
④ (차) A조 제　　　　품　　9,000　　(대) 재　　　공　　　품　　9,000
　　　 B조 제　　　　품　　21,000　　　　B조 재 공 품　21,000

07. (주)대한은 제품 갑, 을을 생산하며, 조별종합원가계산을 이용하고 있다. 다음은 3월 중 조직접비와 생산관련 자료이다.

	갑 제품	을 제품
직 접 재 료 비	₩200,000	₩300,000
직 접 노 무 비	120,000	150,000
기 말 재 공 품 수 량	100개	120개
완 성 품 수 량	460개	500개

3월의 조간접비는 ₩450,000이며, 조간접비는 직접재료비를 기준으로 배부한다. 기초재공품은 없다. 기말재공품평가는 선입선출법을 이용한다. 갑 제품의 기말재공품 완성도가 40%라면, 갑 제품의 완성품원가는 얼마인가?

① ₩500,000　　　　　　　　② ₩480,000
③ ₩460,000　　　　　　　　④ ₩420,000

05 등급별 원가계산

1. 등급별 원가계산의 뜻

동일한 공정에서 동일한 재료를 사용하여 계속적으로 생산되는 동일한 종류의 제품으로 품질, 모양, 크기, 순도 등이 서로 다른 제품을 말하며 제분업, 제화업, 양조업에서 사용하는 원가계산 방법이다.

2. 등가계수

등가계수는 각 등급품의 원가부담에 대한 상대적 비중을 말하는 것으로 각 등급품의 원가를 가장 적정하게 나타낼 수 있는 것으로 등급품의 가격, 길이, 무게 등을 사용한다.

3. 등급별 원가계산의 절차

① 판매단가 × 생산량 = 총판매가치, 단위당무게 × 생산량 = 총무게

② 총판매가치(총무게)를 기준으로 배부율을 구한다.

③ 결합원가총액을 각 제품별로 배부율에 따라 배분한다.

④ 각 등급품에 배부한 제조원가를 등급품의 생산량으로 나누어 단위당원가를 산출한다.

4. 등급별 원가계산의 회계처리

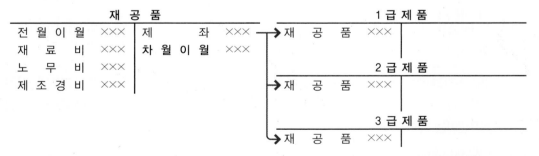

구 분	차 변 과 목			금 액	대 변 과 목	금 액
완성품분개	1	급 제	품	×××		
	2	급 제	품	×××	재 공 품	×××
	3	급 제	품	×××		

■ 원가계산준칙 제22조 [등급별원가계산]

① 등급별원가계산은 동일 종류의 제품이 동일 공정에서 연속적으로 생산되나 그 제품의 품질 등이 다른 경우에 적용한다.

② 등급품별단위당원가는 각 등급품에 대하여 합리적인 배부기준을 정하고, 당해 기간의 완성품총원가를 동 배부기준에 따라 안분하여 계산한다.

③ 등급품별로 직접 원가를 구분하는 것이 가능할 경우 직접 원가는 당해 제품에 직접 부과하고 간접 원가는 제2항의 배부기준에 따라 배부할 수 있다.

[등급별 종합원가계산]

• 등급별 종합원가계산의 뜻 : 동일재료로 동일제품이 생산되나 품질, 크기, 순도등이 다른 경우
• 등급별 종합원가계산의 업종 : 제분, 제화, 양조

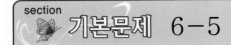

01. 다음 자료에 의하여 판매가치법에 의한 등급별원가계산표를 완성하시오. (단, 등급품의 결합원가는 ₩400,000이다.)

제 품 명	생 산 량	판 매 단 가
1등급제품	200개	@₩500
2등급제품	250개	@₩400
3등급제품	200개	@₩250

등 급 별 원 가 계 산 표

등 급	판 매 단 가 (등가계수)	생 산 량	총 판 매 가 치 (적 수)	배 부 율	결합원가배부액	단 위 당 원 가
1 등 급 제 품						@₩
2 등 급 제 품						@₩
3 등 급 제 품						@₩

재 공 품

전월이월	50,000	( ) ( )
재 료 비	250,000	차월이월 ( )
노 무 비	150,000	
제 조 경 비	70,000	
( )		( )

1등급제품

( ) ( )

2등급제품

( ) ( )

3등급제품

( ) ( )

[완성품 원가분개]

차 변 과 목	금 액	대 변 과 목	금 액

01. 다음은 무엇을 설명한 것인가?

> • 동일한 공정에서 여러 종류의 유사품이 제조되는 경우 이 제품들에 대한 원가계산
> • 제분업에서 품질이 다른 밀가루, 제화업에서 모양, 크기 등이 다른 구두
> • 양조업에서 순도가 다른 같은 종류의 술, 화학공업에서 순도가 다른 화학약품 등

① 등급별 종합원가계산
② 공정별 종합원가계산
③ 가공비 공정별 종합원가계산
④ 조별 종합원가계산

02. 세무(주)는 동일한 원재료를 투입하여 동일한 공정에서 A, B, C 세 가지의 등급품을 생산하고 있다. 세 가지 제품에 공통적으로 투입된 결합원가 8,000,000원을 물량기준법에 의하여 각 제품에 배부하고자 한다. 다음 자료에 의하여 결합원가 중 B등급품에 배부될 결합원가를 계산한 것으로 맞는 것은 얼마인가?

구분	생산량(개)	단위당무게(g)	단위당판매가격(원)	총무게(g)	총판매가격(원)
A	150	300	30,000	45,000	4,500,000
B	450	400	25,000	180,000	11,250,000
C	300	250	22,500	75,000	6,750,000

① 4,800,000원
② 3,000,000원
③ 2,700,000원
④ 4,200,000원

03. 다음 자료를 이용하여 물량기준법에 의한 등급별 종합원가계산을 할 때, 1급품의 kg당 원가를 계산하면? 단, 등급품의 결합 원가는 ₩120,000이다.

등 급	무 게	kg당 판매단가
1급품	4,000kg	₩800
2급품	5,000kg	400
3급품	6,000kg	200

① ₩30
② ₩8
③ ₩6.4
④ ₩5.3

04. 다음의 등급별 종합원가계산표를 기초로 판매가치법에 의하여 1등급품의 단위당 원가를 계산하면? 단, 등급품의 결합원가는 ₩110,000이다.

등 급	생산량	판매 단가	판매 가치
1등급품	100개	₩1,000	₩100,000
2등급품	150개	700	105,000
3등급품	50개	300	15,000

① ₩450   ② ₩500

③ ₩550   ④ ₩600

05. 다음은 등급별 원가계산의 자료이다. 제품A의 제조원가는 얼마인가?

제 품	등가계수	생 산 량
제품A	30	400단위
제품B	20	500단위
총제조원가 : ₩27,500		

① ₩14,000   ② ₩15,000

③ ₩13,500   ④ ₩16,500

06. 신발을 제조하는 제화업처럼 동일한 공정에서 동일한 재료를 사용하여 제품의 모양, 크기, 품질규격 등이 서로 다른 동종제품을 계속적으로 생산하는 경우에 가장 적합한 원가계산방법은?

① 공정별 종합원가계산   ② 등급별 원가계산

③ 결합원가계산   ④ 개별원가계산

07. 논산공업(주)는 원재료A 100kg을 가공하여 제품X 30kg 그리고 제품Y 70kg을 생산하고 있다. 원재료A 100kg의 매입원가는 ₩20,000이고 가공비는 ₩5,000이며, 제품X의 단위당 판매가격은 ₩300/kg 그리고 제품Y의 판매가격은 ₩400/kg이다. 물량비율에 따라 결합원가를 배분하면 제품X의 원가는 얼마인가?

① ₩6,000   ② ₩7,500

③ ₩14,000   ④ ₩17,500

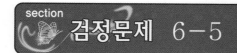
08. 다음 자료를 이용하여 각 등급품의 단위원가를 구하여라. (단, 당기제품제조원가 총액은 ₩140,000 이다.)

등 급	등가계수	완성수량
1	2	500개
2	1	300개
3	0.5	200개

① 1등급 ₩200   2등급 ₩100   3등급 ₩ 50
② 1등급 ₩100   2등급 ₩ 50   3등급 ₩200
③ 1등급 ₩ 50   2등급 ₩100   3등급 ₩200
④ 1등급 ₩200   2등급 ₩ 50   3등급 ₩100

09. 등급별 원가계산에 관한 설명 중 옳지 않은 것은?

① 등급별 원가계산은 동일 종류의 제품이 동일 공정에서 연속적으로 생산되나 그 제품의 품질 등이 다른 경우에 적용한다.
② 등급품별 단위당 원가는 각 등급품에 대하여 합리적인 배부기준을 정하고, 당해 기간의 완성품 총원가를 동 배부기준에 따라 안분하여 계산한다.
③ 등급품별로 직접원가를 구분하는 것이 가능할 경우 직접원가는 당해 제품에 직접 부과한다.
④ 간접원가는 조업도의 변동에 따라 비례적으로 배분한다.

06 연산품원가계산 (결합 원가계산)

1. 결합원가의 뜻

동일한 공정에서 동일한 재료를 사용하여 두 종류 이상의 서로 다른 제품을 생산하는 경우에 이들 제품을 총칭하여 연산품 또는 결합제품(joint products)이라 한다. 주산물과 부산물을 명확히 구분하기 곤란한 경우에 적용하며 그 예로는 다음과 같다.

① 낙농업 : 생우유 → 버터, 치즈, 생크림, 탈지유

② 정육업 : 소 → 소고기, 가죽, 뼈

③ 정유업 : 원유 → 휘발유, 등유, 경유, 중유

④ 제련업 : 광석 → 구리, 은, 납

2. 결합원가계산 용어

① 분리점 : 일정생산단계에 도달하여 개별제품으로 구분할 수 있는 단계

② 결합원가 : 분리점 이전에 발생하는 제조원가

③ 분리원가(추가가공비) : 분리점 이후에 발생하는 제조원가

분리점(개별제품식별가능)
결합원가 ← ▲ → 분리원가(추가가공비)

▣ 결합원가계산의 목적 : 연산품원가를 결정하여 재고자산을 평가하는 것이다.

3. 결합원가의 배분방법

① 물량기준법 : 분리점에서 각 개별 제품의 수량, 무게, 부피, 면적 등과 같은 물량을 기준으로 결합원가를 배분하는 방법이다.

② 상대적 판매가치법 : 분리점에서 각 개별 제품의 판매가치를 기준으로 결합원가를 배분하는 방법이다.

③ 대체법 : 산출비율의 조정을 위해 추가적으로 투입하는 원가와 개별제품들의 상대적인 증감에 따른 결합원가를 배분하는 방법이다.

④ 균등이익율법 : 결합제품을 구성하는 개별제품의 최종판매가치에 대하여 동일한 매출총이익률을 나타낼 수 있도록 결합원가를 배분하는 방법이다.

4. 등급별원가계산과 연산품원가계산의 차이점

구 분	등급별원가계산	연산품원가계산
적용기준	동일 종류의 제품이 동일 공정에서 연속적으로 생산되나 그 제품의 품질 등이 다른 경우에 적용한다.	동일재료로 동일공정에서 생산되는 다른 종류의 제품으로서 주산물과 부산물을 명확히 구분하기 곤란한 경우에 적용한다.
적용업종	제분업, 제화업, 양조업	정유업, 정육업, 낙농업
분리점이전 제품의 식별	개별제품으로 식별가능	개별제품으로 식별 가능
결합원가배분결과	인위적배부 가능	인위적배부 불가능

▣ 원가계산준칙 제23조 [연산품원가계산]
　① 연산품원가계산은 동일재료로 동일공정에서 생산되는 다른 종류의 제품으로서 주산물과 부산물을 명확히 구분하기 곤란한 경우에 적용한다.
　② 연산품원가계산은 제22조 제2항 및 제3항의 규정을 준용한다.

멘토노트

[연산품원가계산]
• 연산품원가계산의 뜻 : 동일한 공정에서 동일한 재료를 사용하여 서로 다른 제품을 생산
• 연산품원가계산 업종 : 정유, 정육, 낙농
•　　　　　　분리점(개별제품식별가능)
　　──────────────────────────
　　결합원가 ←　▲　→　분리원가(추가가공비)

01. 다음은 정유회사의 연산품과 관련된 원가자료를 이용하여 판매가치법에 의한 연산품원가계산표를 작성하고, 연산품 휘발유, 경유, 등유의 단위당 원가를 계산하시오. 단, 결합원가는 ₩680,000이다.

제 품	생 산 량	판매단가
휘 발 유	600kl	@₩2,000
경 유	800kl	@₩1,500
등 유	1,000kl	@₩1,000

연 산 품 원 가 계 산 표

제품	판매단가	생산량	총판매가치	배부율	결합원가배부액	단위당원가
휘 발 유						@₩
경 유						@₩
등 유						@₩

02. 다음 자료를 이용하여 물량기준법에 의하여 연산품원가계산표를 작성하시오. 단, 연산품의 결합원가는 ₩80,000이다.

제 품	생산량	단위당무게	추가가공비
A	100개	4kg	₩1,000
B	200개	6kg	₩3,000
C	300개	8kg	₩6,000

연 산 품 원 가 계 산 표

제품	무게	생산량	총무게	배부율	결합원가배부액	추가가공비	제조원가	단위당원가
A 제 품								@₩
B 제 품								@₩
C 제 품								@₩

01. 다음은 무엇을 설명한 것인가?

> • 동일한 공정에서 동일한 재료를 사용하여 두 종류 이상의 다른 제품을 생산하는 경우의 원가계산
> • 낙농업의 경우 생우유로 버터, 치즈, 생크림 등 생산
> • 정육업에서 돼지로 베이컨, 햄, 돼지갈비 등 생산
> • 석유산업에서 원유를 휘발유, 등유, 경유, 중유 등 생산

① 연산품 종합원가계산
② 조별 종합원가계산
③ 공정별 종합원가계산
④ 부문별 원가계산

02. 다음 중 종합 원가 계산의 종류와 적용하는 업종이 잘못 나열된 것은?

① 공정별 원가계산 : 화학 공업, 제지업, 제당업
② 연산품 원가계산 : 정유업, 조선업, 식품제조업 등
③ 등급별 원가계산 : 제분업, 제화업, 양조업 등
④ 단일 종합원가계산 : 얼음 제조업, 소금 제조업 등

03. 다음 중 동일한 공정에서 동일한 재료를 사용하여 성질이 서로 다른 두 종류 이상의 제품을 연속적으로 생산하는 기업에서 적용하는 원가 계산 방법은?

① 등급별 원가계산
② 공정별 원가계산
③ 연산품 원가계산
④ 조별 원가계산

04. 다음 (   )안에 알맞은 말은?

> 분리점에 도달하기 전까지 연산품을 생산하는 과정에서 발생한 모든 원가를 (㉠)이라 하며, 분리점 이후의 추가가공 과정에서 발생하는 원가를 (㉡)이라 한다.

① ㉠ 결합원가   ㉡ 분리원가
② ㉠ 개별원가   ㉡ 추가가공비
③ ㉠ 개별원가   ㉡ 결합원가
④ ㉠ 분리원가   ㉡ 추가가공비

05. 다음 (   )안에 알맞은 것은?

> 결합제품은 일정한 생산단계에 이르면 개별제품으로 식별될 수 있는데 이 시점을 (가)이라 한다.
> 이 시점 이후에 발생하는 제조원가를 (나)이라고 한다.

① 가. 기준점,　　　나. 개별원가　　　　② 가. 분리점,　　　나. 추가가공원가
③ 가. 식별점,　　　나. 개별원가　　　　④ 가. 산출점,　　　나. 추가가공원가

06. 종합원가계산의 종류를 설명한 것 중 옳지 않은 것은?

① 단일 종합원가계산 : 한 종류의 제품을 한 공정에서 대량으로 제조하는 경우의 원가계산
② 공정별 종합원가계산 : 연속대량생산을 하는 경우에 공정이 여러 개가 있는 경우의 원
　　가계산
③ 조별 종합원가계산 : 동일한 원재료에 대한 결합원가가 투입되어 서로 다른 제품이 산
　　출되는 경우의 원가계산
④ 등급별 종합원가계산 : 동일한 공정에서 여러 종류의 유사품이 제조되는 경우 이 제품
　　들에 대한 원가계산

**07. 두 가지 이상의 제품이 동일한 공정에서 생산되는 경우, 이 제품들이 연산품인가 또는 주산물, 부산
물인가를 구별하는 기준은?**

① 각 제품생산에 소비된 노동량　　　② 각 제품의 시장가치
③ 각 제품의 상대적 판매가치　　　　④ 각 제품의 원가

08. 결합원가를 배분하는 일반적인 기준이 아닌 것은?

① 평균 단위원가　　　　　　　　　② 상대적 수익성
③ 상대적 판매가치　　　　　　　　④ 상대적 생산량

09. 다음 중 결합원가계산에 대한 설명으로 옳지 않은 것은?

① 분리점 이전에는 개별제품으로 식별하기 곤란하다.
② 분리점 이후의 추가적인 가공원가를 포함하여 결합원가라 한다.
③ 휘발유, 경유, 등유 등의 제품을 생산하는 정유업종에서 사용된다.
④ 동일한 재료로 동일한 공정에서 다양한 제품을 생산하지만 주산물과 부산물의 구분이
　　어려운 경우에 사용한다.

10. 결합원가계산의 목적을 가장 잘 설명하는 것은?

① 재고자산의 평가
② 제품의 판매가격 결정
③ 생산 조업도의 결정
④ 직접재료의 구매의사결정

11. 결합원가계산에서 분리점에서의 순실현가치는 주로 어디에 사용되는가?

① 결합원가의 배부
② 완성품환산량의 계산
③ 단위당 원가의 계산
④ 손익분기점의 계산

12. 다음 자료에 의하여 A제품에 배부될 결합원가를 계산하면 얼마인가? (단, 결합원가는 상대적 판매가치법에 의해 배부한다.)

• 분리시점까지의 결합원가	₩30,000
• A 제품 생산량 500개, 단위당 판매가격	₩100
• B 제품 생산량 600개, 단위당 판매가격	₩50

① ₩12,000
② ₩14,400
③ ₩16,000
④ ₩18,750

13. 결합원가의 배부기준으로 순실현가치(NRV : net realizable value)를 이용하고자 한다. 순실현가치법에 대한 비판으로 옳은 것은?

① 분리점이 여러 개인 경우에는 이용할 수 없다.
② 모든 제품의 매출총이익률을 동일하게 한다.
③ 분리점에서 판매되는 결합제품에만 이용될 수 있다.
④ 분리점 이후의 추가가공원가는 이익을 창출하지 못하는 것으로 가정 하고 있다.

14. 다음은 연산품과 등급품에 대한 비교 설명이다. 잘못된 것은?

① 연산품은 분리점에 이를 때까지 개별 제품으로 식별할 수 없으나, 등급품은 경우에 따라 개별 제품의 식별이 가능하다.

② 연산품은 인위적으로 개별 제품 제품수량을 조정하기 어려우나, 등급품은 생산계획에 의하여 개별 제품수량을 조정할 수 있다.

③ 연산품은 주로 동종제품이나, 등급품은 주로 유사제품이다.

④ 등급품의 원가계산은 조별종합원가계산을 이용할 수 있다.

15. 다음은 등급품과 연산품을 설명한 것이다. 적절하지 않은 것은?

① 등급품은 동종제품으로서 품질이나 순도가 다른 제품을 말한다.

② 연산품은 동일한 원료에서 생산되는 이종제품을 말한다.

③ 생우유에서 생산되는 버터, 크림, 탈지유 등은 등급품이라 할 수 있다.

④ 광석에서 추출되는 구리, 은, 납 등은 연산품이라 할 수 있다.

07 공손·감손·작업폐물·부산물

1. 공손

공손이란 생산과정에서 재료의 불량, 작업기술의 미숙, 기계공구의 정비 불량 등의 원인에 의하여 표준규격 및 품질에 미치지 못하는 불합격품이 발생한 경우이며, 정상공손은 합격품의 원가에 가산하고 비정상공손인 경우는 영업외비용으로 한다. 불량품을 보수하여 합격품이 되기까지 투입된 원가와 합격품으로 회복이 어려워 대체품제작에 투입된 원가에서 불량품이 저가로 판매(이용)된 경우 판매된 금액은 차감한 금액을 공손비라 한다.

① 공손 발생시

(차) 공 손 비 ××× (대) 재 료 비 ×××

② 공손이 정상적으로 발생한 경우 (개별작업과 관련된 경우)

(차) 재 공 품 ××× (대) 공 손 비 ×××

③ 공손이 정상적으로 발생한 경우 (모든작업에 공통적인 경우)

(차) 제 조 간 접 비 ××× (대) 공 손 비 ×××

④ 공손이 비정상적으로 발생한 경우

(차) 손 익 ××× (대) 공 손 비 ×××

2. 감손

제조과정에서 유실, 증발 등으로 산출물이 되지 못한 투입물로서 특별한 검사시점이 있는 것이 아니고, 공정이 진행되면서 평균적으로 줄어드는 것으로 구체적으로 눈에 보이지 않는다.

3. 작업폐물

작업폐물이란 제품제조과정에서 발생한 원재료의 부스러기를 말한다.(가구제조업에서의 나무토막이나 톱밥, 기계제조업에서의 쇳가루)

① 작업폐물이 특정 작업과 관련하여 발생한 경우

(차) 작 업 폐 물 ××× (대) 재 공 품 ×××

② 작업폐물이 여러 제품의 제조과정에서 발생한 경우

(차) 작 업 폐 물 ××× (대) 제 조 간 접 비 ×××

③ 작업폐물의 평가액이 매우 작은 경우

(차) 현 금 ××× (대) 잡 이 익 ×××

4. 부산물

부산물이란 생산물의 생산과정에서 발생하면서 이용가치나 매각가치가 있는 제2차적인 생산물(비누공장에서의 글리세린)을 말한다. 동일한 제조작업에서 동일한 원재료를 사용하여 두 종류 이상의 제품을 생산하는 경우, 중요도가 높은 제품을 주산물이라 하고 상대적으로 중요도가 낮은 제품을 부산물이라 하며 중요도의 순위가 분명하지 않으면 연산품이라 한다. 주산물과 부산물은 제품별 총판매가치(각 제품별 상대적판매가치)로 구분하는 것이 합리적이다. 부산물의 순실현가치는 주산물원가에서 차감하면 된다.

멘토노트

- 공손 : 불합격품
- 감손 : 산출물이 되지 못한 투입물
- 부산물 : 중요성이 없는 물품
- 작업폐물 : 원재료의 부스러기

◾ **원가계산준칙 제24조 [부산물과 작업폐물의 평가]**

① 부산물은 제22조의 규정을 준용하여 평가하거나, 다음 각호의 방법에 의하여 그 가액을 산정하여 이를 발생부문의 주산물 총원가에서 안분하여 차감한다.

　1. 부산물을 그대로 외부에 매각할 수 있는 경우에는 추정매각가격에서 판매비와 일반관리비 및 정상이윤을 공제한 가액

　2. 부산물로서 추가가공후 매각하는 경우에는 가공제품의 추정매각가격에서 추가가공비, 판매비와 일반관리비 및 정상이윤을 공제한 가액

　3. 부산물을 그대로 자가소비하는 경우에는 그 추정매입가격

　4. 부산물로서 추가가공후 자가소비하는 것은 그 추정매입가격에서 추가가공비 발생액을 공제한 가액

② 부산물의 추정매각가격 또는 추정매입가격은 최근 거래가격 또는 권위있는 물가조사기관의 물가조사표에 의한 시가를 적용한다.

③ 판매비와 일반관리비 및 정상이윤은 유사제품의 최근 평균매출원가율을 적용하여 계산한다.

④ 작업폐물은 제1항 내지 제3항의 규정을 준용하여 평가하고, 이를 발생부문의 제조원가에서 차감하거나 필요에 따라 당해 제품의 제조원가에서 차감할 수 있다.

◾ **원가계산준칙 제25조 [공손비의 계산]**

① 공손비는 다음 각호에 따라 계산하여 당해 제품의 제조원가에 부과하거나 원가발생부문의 간접비용으로 한다. 다만, 비정상적인 공손비는 영업외 비용으로 한다.

　1. 공손이 보수에 의하여 회복될 경우 공손비는 그 보수비용으로 한다.

　2. 공손이 보수로서 회복되지 않고 그 전부를 다시 생산할 경우 공손비는 기발생된 공손품 제조원가에서 공손품의 평가액을 차감한 가액으로 한다.

　3. 공손이 보수로서 완전 회복되지 않고 그 일부를 다시 생산할 경우 공손비는 추가적으로 발생하는 제조원가에서 공손품의 평가액을 차감한 가액으로 한다.

01. 제조과정에서 불량, 작업기술의 미숙, 기계공구의 정비불량 등의 원인에 의하여 표준규격 및 품질에 미치지 못한 불합격품이 발생한 경우, 즉 작업을 제대로 완성하지 못한 불완전한 생산물을 무엇이라 하는가?

① 공손품
② 감손품
③ 연산품
④ 작업폐물

02. 다음 (　　)안에 알맞은 말은?

> 불량, 작업기술의 미숙, 기계공구의 정비 불량 등의 원인에 의하여 표준규격 및 품질에 미치지 못하는 불합격품이 발생한 경우를 (㉮)이라 하며, 증발 등으로 산출물이 되지 못한 투입물로서 특별한 검사시점이 있는 것이 아니고, 공정이 진행되면서 평균적으로 줄어드는 것을 (㉯)이라 한다.

① ㉮ 공손,　㉯ 감손
② ㉮ 감손,　㉯ 파손
③ ㉮ 파손,　㉯ 공손
④ ㉮ 감손,　㉯ 공손

03. 다음 중 공손에 대한 회계처리 중 틀린 것은?

① 공손이 정상적인가 아니면 비정상적인가를 고려하여야 한다.
② 정상적 공손은 제품원가의 일부를 구성한다.
③ 공손은 어떠한 경우에나 원가로 산입하지 않고 영업외비용으로 처리한다.
④ 공손의 비중이 적은 경우에는 공손을 무시한 채 회계처리하는 경우도 있다.

04. 다음 공손에 대한 설명 중 틀린 것은?

① 공손품은 품질이나 규격이 일정한 기준에 미달하는 불량품이다.
② 정상공손원가는 완성품 혹은 기말재공품에 배분한다.
③ 비정상공손원가의 대표적인 예로 작업폐물을 들 수 있다.
④ 비정상공손원가는 영업외비용으로 처리한다.

05. 공손의 발생이 비정상적으로 발생된 경우 어느 곳에 배부하는 것이 가장 타당한가?

① 제조원가
② 판매관리비
③ 영업외비용
④ 기말재공품원가

06. **공손비의 회계처리에 관한 설명 중 가장 틀린 것은?**

① 개별원가계산에서 정상적인 공손비는 공손이 발생한 부문의 제조간접비로 처리할 수 있다.
② 정상적인 공손비가 특정제품에서 불가피하게 발생되는 경우에는 그 특정제조작업지시서에 배부할 수 있다.
③ 원가계산준칙에서 정상공손비는 당해 제품의 제조원가에 부과 하도록 하고 있다.
④ 원가계산준칙에서 비정상공손비는 제조간접비로 처리하도록 하고 있다.

07. **제품의 제조과정에서 발생하는 원재료의 부스러기를 무엇이라 하는가?**

① 작업폐물   ② 감손품
③ 재작업품   ④ 공손품

08. **제조공정에서 발생한 작업폐물의 처분가액에 대한 회계처리로 다음 중 가장 옳은 것은?**

① 재공품계정의 증가   ② 제품계정의 증가
③ 제품계정의 감소   ④ 제조간접비계정의 감소

09. **다음은 (주)세원의 제조활동과 관련된 물량흐름이 다음과 같을 때 다음 중 <u>잘못된</u> 것은?**

기 초 재 공 품	200개	당 기 완 성 수 량	800개
당 기 착 수 량	800개	기 말 재 공 품	50개

① 공손품 물량은 150개이다.
② 정상공손품의 기준을 완성품의 10%라고 할 경우에는 비정상공손의 수량은 70개이다.
③ 정상공손원가는 완성품 또는 재공품에 배분한다.
④ 비정상공손원가는 작업폐물로 처리되므로 제조원가에 가산되면 안 된다.

10. **다음 자료를 보고 종합원가계산시 비정상공손 수량을 계산하면? 단, 정상공손은 완성품수량의 5%로 가정할 것.**

• 기초재공품 : 200개	• 당기착수량 : 800개
• 기말재공품 : 100개	• 공손수량 : 80개

① 38개   ② 39개
③ 40개   ④ 41개

11. 우리 나라 원가계산준칙은 부산품에 대한 정확한 원가계산을 위하여 다음 중 어느 원가계산방법을 준용하도록 규정하고 있는가?

   ① 개별원가계산

   ② 조별종합원가계산

   ③ 표준원가계산

   ④ 등급별원가계산

12. 부산물에 관한 회계처리 중 옳은 것은?

   ① 부산물의 평가는 추가가공원가로만 한다.

   ② 부산물의 판매수익은 매출원가에 가산한다.

   ③ 부산물의 순실현가치는 주산물원가에서 차감한다.

   ④ 아무런 회계처리를 하지 않는다.

13. 부산물의 평가에 관한 설명 중 옳지 않은 것은?

   ① 부산물을 그대로 외부에 매각할 수 있는 경우에는 추정매각가격에서 판매비와 관리비 및 정상이윤을 공제한 가액

   ② 부산물로서 추가가공 후 매각하는 경우에는 가공제품의 추정매각가격에서 추가가공비, 판매비와 관리비 및 정상이윤을 공제한 가액

   ③ 부산물을 그대로 자가소비하는 경우에는 그 추정매입가격

   ④ 부산물로서 추가가공 후 자가소비하는 것은 그 추정매입가격에서 추가가공비 발생액을 가산한 가액

MEMO

정리가 잘된 원가회계

제7장

제조원가명세서와 재무제표

01 제조원가명세서

1. 제조원가명세서의 뜻

제조원가명세서는 완성된 제품의 제조원가를 상세히 나타내기 위한 보고서로서, 손익계산서에 보고되는 매출원가와 재무상태표에 재료, 재공품, 제품의 가액을 결정하기 위한 원가 정보를 제공하는 손익계산서의 부속명세서이다.

2. 제조원가명세서 양식

제 조 원 가 명 세 서

과　　　　　목	금　　　　　액	
Ⅰ.　재　　　　　료　　　　　비		
1.　기 초 재 료 재 고 액	×××	
2.　당 기 재 료 매 입 액	(+) ×××	
계		
3.　기 말 재 료 재 고 액	(−) ×××	×××
Ⅱ.　노　　　　　무　　　　　비		
1.　급　　　　　　　　　여	×××	
2.　퇴　직　급　여	(+) ×××	×××
Ⅲ.　경　　　　　　　　　비		
1.　전　　　력　　　비	×××	
2.　가 스 수 도 비	×××	
3.　감 가 상 각 비	×××	
4.　수　　　선　　　비	×××	
5.　소　모　품　비	(+) ×××	(+) ×××
Ⅳ.　당 기 총 제 조 비 용		×××
Ⅴ.　기 초 재 공 품 원 가		(+) ×××
Ⅵ.　합　　　　　　　　　계		×××
Ⅶ.　기 말 재 공 품 원 가		(−) ×××
Ⅷ.　당 기 제 품 제 조 원 가		×××

02 재무제표

1. 제조기업의 재무제표

제조기업의 재무제표에는 재무상태표, 손익계산서, 현금흐름표, 자본변동표에 주석을 포함
한다.

2. 손익계산서

(1) 손익계산서의 목적

손익계산서는 일정 기간 동안 기업의 경영성과에 대한 정보를 제공하는 재무보고서이다. 손익
계산서는 당해 회계기간의 경영성과를 나타낼 뿐만 아니라 기업의 미래현금흐름과 수익창출
능력 등의 예측에 유용한 정보를 제공한다.

(2) 손익계산서의 양식

손익계산서(보고식) 중단사업손익이 없을 경우

과 목	금 액	
매 출 액		×××
매 출 원 가		
기 초 제 품 재 고 액	×××	
당 기 제 품 제 조 원 가	(+)×××	
기 말 제 품 재 고 액	(-)×××	(-) ×××
매 출 총 이 익		×××
판 매 비 와 관 리 비		(-) ×××
영 업 이 익		×××
영 업 외 수 익		(+) ×××
영 업 외 비 용		(-) ×××
법 인 세 차 감 전 순 이 익		×××
법 인 세 비 용		(-) ×××
당 기 순 이 익		×××
주 당 이 익		××× 원

3. 재무상태표

(1) 재무상태표의 목적

재무상태표는 일정 시점 현재 기업이 보유하고 있는 경제적 자원인 자산과 경제적 의무인 부채, 그리고 자본에 대한 정보를 제공하는 재무보고서로서, 정보이용자들이 기업의 유동성, 재무적 탄력성, 수익성과 위험 등을 평가하는 데 유용한 정보를 제공한다. 상기업의 재고자산은 상품뿐이지만 제조기업의 경우에는 재료, 재공품, 제품 등 다양한 형태의 재고자산이 존재한다.

(2) 재무상태표 양식

재 무 상 태 표

제×기 20××년 ×월×일 현재
제×기 20××년 ×월×일 현재

회사명   (단위 : 원)

과 목	당 기		전 기
자 산			
유 동 자 산		40	
당 좌 자 산		20	
재 고 자 산		20	
비 유 동 자 산		60	
투 자 자 산		20	
유 형 자 산		20	
무 형 자 산		10	
기 타 비 유 동 자 산		10	(
자 산 총 계		100	전
부 채			기
유 동 부 채		20	분
비 유 동 부 채		30	생
부 채 총 계		50	략
자 본			)
자 본 금		10	
자 본 잉 여 금		10	
자 본 조 정		10	
기 타 포 괄 손 익 누 계 액		10	
이 익 잉 여 금		10	
자 본 총 계		50	
부 채 및 자 본 총 계		100	

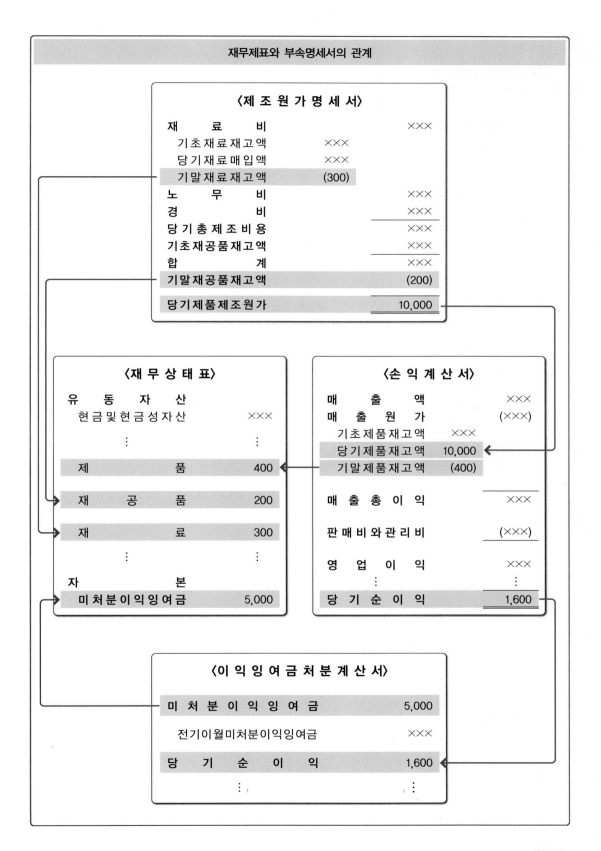

재무제표와 부속명세서의 관계

〈제 조 원 가 명 세 서〉

재　　료　　비		×××
기초재료재고액	×××	
당기재료매입액	×××	
기말재료재고액	(300)	
노　　무　　비		×××
경　　　　　비		×××
당 기 총 제 조 비 용		×××
기초재공품재고액		×××
합　　　　　계		×××
기말재공품재고액		(200)
당 기 제 품 제 조 원 가		10,000

〈재 무 상 태 표〉

유　동　자　산	
현금및현금성자산	×××
⋮	⋮
제　　　　　품	400
재　　공　　품	200
재　　　　　료	300
⋮	⋮
자　　　　　본	
미처분이익잉여금	5,000

〈손 익 계 산 서〉

매　　출　　액		×××
매　　출　원　가		(×××)
기초제품재고액	×××	
당기제품재고액	10,000	
기말제품재고액	(400)	
매 출 총 이 익		×××
판 매 비 와 관 리 비		(×××)
영　업　이　익		×××
⋮		⋮
당 기 순 이 익		1,600

〈이 익 잉 여 금 처 분 계 산 서〉

미 처 분 이 익 잉 여 금	5,000
전기이월미처분이익잉여금	×××
당　기　순　이　익	1,600
⋮	⋮

section 기본문제 7-1

01. 다음 자료에 의하여 제조원가명세서를 작성하고, 재공품계정에 기입하시오.

    (1) 재 료 비: 기초재료재고액   ₩80,000   당기재료매입액   ₩500,000
                 기말재료재고액   ₩90,000
    (2) 노 무 비: 급   여   ₩260,000   퇴 직 급 여   ₩30,000
    (3) 제조경비: 전   력   비   ₩20,000   가 스 수 도 비   ₩30,000
                 감 가 상 각 비   ₩10,000
    (4) 재 공 품: 기 초 재 고 액   ₩100,000   기 말 재 고 액   ₩110,000

제조원가명세서

과 목	금 액	
Ⅰ. 재 료 비		
1. 기 초 재 료 재 고 액	( )	
2. 당 기 재 료 매 입 액	( )	
계	( )	
3. 기 말 재 료 재 고 액	( )	( )
Ⅱ. 노 무 비		
1. 급 여	( )	
2. 퇴 직 급 여	( )	( )
Ⅲ. 경 비		
1. 전 력 비	( )	
2. 가 스 수 도 비	( )	
3. 감 가 상 각 비	( )	( )
Ⅳ. 당 기 총 제 조 비 용		( )
Ⅴ. 기 초 재 공 품 원 가		( )
Ⅵ. 합 계		( )
Ⅶ. 기 말 재 공 품 원 가		( )
Ⅷ. 당 기 제 품 제 조 원 가		

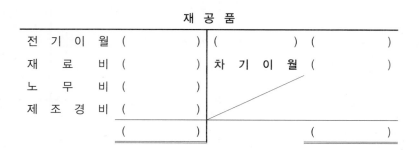

재 공 품

전 기 이 월 ( )	( ) ( )
재 료 비 ( )	차 기 이 월 ( )
노 무 비 ( )	
제 조 경 비 ( )	
( )	( )

기본문제 7-1

02. **천광공업사의 다음 자료에 의하여 제조원가명세서와 손익계산서를 작성하시오.**

   (1) 재　　　료 : 기초재료재고액 ₩130,000　　　　　당기매입액(외상) ₩1,200,000
                 기말재료재고액 ₩200,000

   (2) 노　무　비 : 급　　여 ₩800,000　(제조부 70%, 영업부 30%)
                 퇴직급여 ₩80,000　　(제조부 70%, 영업부 30%)

   (3) 전　력　비 : 당기측정액 30,000　(제조부 80%, 영업부 20%)

   (4) 감가상각비 : 100,000 (제조부 60%, 영업부 40%)

   (5) 매　출　액 ₩2,300,000　　　이자수익 ₩60,000

   (6) 광고선전비 ₩75,000　　　기　부　금 ₩50,000　　　법인세비용 ₩30,000

   (7) 기초재공품재고액 ₩60,000　　　기말재공품재고액 ₩45,000

   (8) 기초제품재고액 ₩130,000　　　기말제품재고액 ₩160,000

제 조 원 가 명 세 서

과　목	금　액

손 익 계 산 서

과　목	금　액

재　　료

전 기 이 월 (　　)	(　　) (　　)
(　　) (　　)	차 기 이 월 (　　)
(　　)	(　　)

재 공 품

전 기 이 월 (　　)	(　　) (　　)
재 　 료 　 비 (　　)	차 기 이 월 (　　)
노 　 무 　 비 (　　)	
제 조 경 비 (　　)	
(　　)	(　　)

제　　품

전 기 이 월 (　　)	(　　) (　　)
(　　) (　　)	차 기 이 월 (　　)
(　　)	(　　)

01. 다음 중 제조원가명세서에 포함되는 항목을 모두 고르면?

가. 재료비 기초재고액	나. 재료비 기말재고액
다. 재공품 기초재고액	라. 제품 기초재고액

① 가   ② 나

③ 가, 나, 다   ④ 가, 나, 다, 라

02. 다음 중 제조원가명세서에 표시되지 <u>않는</u> 것은?

① 제조경비

② 당기제품제조원가

③ 당기총제조비용

④ 매출원가

03. 제조원가명세서에서 당기제품제조원가가 의미하는 것은?

① 일정한 기간 동안 재공품계정에 투입된 금액

② 일정한 기간 동안 완성된 제품원가금액

③ 일정한 기간 동안 완성품계정에서 매출원가 계정으로 대체된 금액

④ 일정한 기간 동안 생산에 투입된 원가 금액

04. 제조원가명세서와 관련된 설명이다 <u>틀린</u> 것은?

① 재료 소비액의 산출과정이 표시된다.

② 기초재공품과 기말재공품재고액이 표시된다.

③ 기초재료와 기말재료재고액이 표시된다.

④ 외부에 보고되는 보고서이다.

05. 제조기업의 당기제품제조원가 계산과정을 나타내는 명세서로서 제조 기업에서는 반드시 작성해 야 하는 필수적 부속명세서이며 재공품계정의 변동사항이 모두 표시된 것은?

① 손익계산서

② 제조원가명세서

③ 매출원가명세서

④ 합계잔액시산표

06. 제조와 관련된 재고자산계정으로 가장 흔한 세 가지 계정을 고르면?

① 상품, 제품, 소모품 ② 상품, 재공품, 제품

③ 원재료, 상품, 제품 ④ 원재료, 재공품, 제품

07. 다음 자료를 기초로 당월 매출총이익을 계산하면 얼마인가?

	월 초	월 말
• 당월 매출액	₩300,000	
• 당월 완성품 제조원가	230,000	
• 당월 재고자산 내역		
재 공 품	₩14,000	₩22,000
제 품	36,000	27,000

① ₩61,000 ② ₩62,000

③ ₩72,000 ④ ₩79,000

08. 삼일(주)는 악기를 제조하고 있는 회사이다. 당 회사의 20×1년 원가는 다음과 같다. 다음 자료를 참고하여 기말 제품재고액을 구하라.

(1) 재무상태표상 금액

구 분	기 초	기 말
재 공 품	12,000	15,000
제 품	26,000	?

(2) 제조원가명세서와 손익계산서상의 금액

직 접 재 료 비	₩26,000	제 조 경 비	₩8,000
직 접 노 무 비	21,000	제품매출원가	60,000

① 15,000원 ② 16,000원

③ 18,000원 ④ 20,000원

09. 다음 자료를 이용하여 당월 매출원가를 계산하면?

제조원가명세서의 일부 자료		총계정원장의 일부자료		
당 월 총 제 조 비 용	₩400,000	제 품		
월 초 재 공 품	20,000	전월이월 45,000		
월 말 재 공 품	30,000		차 월 이 월	33,000

① ₩349,000

② ₩369,000

③ ₩391,000

④ ₩402,000

10. 제조원가명세서와 손익계산서 및 재무상태표와의 관계에 대한 설명이다. 다음 중 설명이 틀린 것은?

① 제조원가명세서의 기말원재료재고액은 재무상태표의 원재료계정에 계상된다.

② 제조원가명세서의 기말재공품의 원가는 재무상태표의 재공품계정으로 계산된다.

③ 제조원가명세서의 당기제품제조원가는 손익계산서의 매출원가와 같다.

④ 손익계산서의 기말제품재고액은 재무상태표의 제품계정금액과 같다.

11. 다음 중 제조기업의 재무제표를 작성하는 순서로 가장 올바른 것은?

㉠ 제조원가명세서	㉡ 손익계산서
㉢ 이익잉여금처분계산서	㉣ 재무상태표

① ㉠ → ㉢ → ㉣ → ㉡

② ㉡ → ㉢ → ㉣ → ㉠

③ ㉠ → ㉡ → ㉢ → ㉣

④ ㉢ → ㉣ → ㉠ → ㉡

12. 다음 중 원가에 관한 설명 중 가장 적절하지 않은 것은?

① 재공품이란 생산중에 있는 미완성품을 말한다.

② 공장의 전화요금을 정액제로 가입하면 이는 고정원가에 해당된다.

③ 기초원가란 재료비와 노무비를 합한 금액을 말한다.

④ 개별원가계산은 서로 다른 종류의 제품을 주문생산하는 경우에 적합하다.

13. 제품제조원가에 대한 다음 설명 중 옳은 것은?

① 제품원가는 생산이 완료되었을 때 수익으로부터 차감된다.

② 제품원가는 생산요소에 대한 지출이 이루어진 때 수익으로부터 차감된다.

③ 판매되지 않은 완성품과 재공품 관련 제품원가는 재무상태표에 자산으로 기록된다.

④ 제품원가는 제품이 판매되어야 재무제표상에 기록된다.

14. (주)대한은 기초와 기말의 제품재고는 없었으며, 당기완성품 전부를 그 제조원가에 20%의 이익을 가산하여 판매하였다. 다음의 자료로 기초재공품의 원가를 구하면 얼마인가?

직 접 재 료 비	₩50,000	제 조 간 접 비	₩20,000
매 출 액	₩300,000	직 접 노 무 비	₩30,000
기 말 재 공 품 원 가	₩10,000		

① ₩100,000

③ ₩140,000

② ₩120,000

④ ₩160,000

15. 어느 회사의 제8기 손익계산서를 분석한 결과 매출총이익률은 40%이다. 이 회사의 제8기 중 당기총 제조비용은 ₩680,000이었으며, 재고자산관련 자료는 다음과 같다. 이 회사의 제8기 중 매출액은 얼마인가?

	기초재고액	기말재고액
재 공 품	₩130,000	₩100,000
제 품	₩50,000	₩160,000

① ₩1,200,000

③ ₩800,000

② ₩1,000,000

④ ₩600,000

16. 광주공업사의 당기 매출총이익률은 20%이다. 당기 총제조비용은 ₩60,000이며, 기말재공품원가는 기초재공품원가보다 ₩5,000 증가했고, 기말제품원가는 기초제품원가보다 ₩3,000 감소했다. 당기의 매출액은 얼마인가?

① ₩68,500

③ ₩78,000

② ₩72,500

④ ₩81,500

정답과 보충설명

제 **1** 장 원가회계의 기초

01 원가계산의 기초개념

기본문제 1-1

01 (1) × (2) ○ (3) ○ (4) ○ (5) ×

[보충설명]

(1) 재무회계는 외부정보이용자, 관리회계는 내부정보이용자에게 유용한 회계정보를 제공한다.

(5) 제조기업은 구매과정, 제조과정, 판매과정으로 상기업은 구매과정, 판매과정으로 경영활동을 한다.

02 (1) [구매과정] (외부거래)　　(2) [구매과정] (외부거래)
　　(3) [구매과정] (외부거래)　　(4) [구매과정] (외부거래)
　　(5) [제조과정] (내부거래)　　(6) [제조과정] (내부거래)
　　(7) [제조과정] (내부거래)　　(8) [제조과정] (내부거래)
　　(9) [제조과정] (내부거래)　　(10) [판매과정] (외부거래)
　　(11) [판매과정] (외부거래)

검정문제 1-1

| 01 ④ | 02 ① | 03 ③ | 04 ④ | 05 ④ |
| 06 ③ | 07 ② | 08 ③ | | |

[보충설명]

01. ④ 투자자와 채권자는 외부정보이용자이므로 재무회계 목적이다.

02. ① 장부관리에 관한 정보제공은 재무회계목적이다.

03. ③ 장부기장에 관한 정보제공은 재무회계목적이다.

08. ③ 제조기업은 구매과정제조과정판매과정으로 경업활동이 이루어진다.

02 원가의 개념과 분류

기본문제 1-2

01
[기본원가] (400,000)	[직접재료비] (160,000)	
	[직접노무비] (240,000)	[가공원가] 320,000
	제조간접비 (80,000)	

02 (1) 재료비, 노무비　　　　(2) 간접원가
　　(3) 직접재료비, 제조간접비　(4) 직접노무비

03 (1) × (2) × (3) ○ (4) ○ (5) ○
　　(6) × (7) × (8) ○ (9) ○ (10) ○
　　(11) × (12) × (13) ○ (14) × (15) ○

04 (1) ⓓ ⓔ ⓕ ⓖ　　　　　(2) ⓐ ⓑ
　　(3) ⓒ ⓗ　　　　　　　(4) ⓘ

05 (1) 고정비, 변동비　　　　(2) 고정비
　　(3) 변동비　　　　　　　(4) 관련원가
　　(5) 매몰원가　　　　　　(6) 기회원가

06 (1) 직접노무비　　　　　　(2) 제조간접비
　　(3) 제조원가　　　　　　(4) 판매원가
　　(5) 판매가격　　　　　　(6) 직접재료비, 직접노무비
　　(7) 직접노무비, 제조간접비

07

				[판매이익] (100,000)	
			[판매비와관리비] (60,000)		
		[제조간접비] (150,000)			
[직접재료비] (120,000)					
[직접노무비] (80,000)	[직접원가] (290,000)	[제조원가] (440,000)	[판매원가] (500,000)	[판매가격] (600,000)	
[직접제조경비] (90,000)					

08

				[판매이익] (144,000)	
			[판매비와관리비] (80,000)		
		[제조간접비] (120,000)			
[직접재료비] (160,000)					
[직접노무비] (120,000)	[직접원가] (280,000)	[제조원가] (400,000)	[판매원가] (480,000)	[판매가격] (624,000)	
[직접제조경비] (0)					

검정문제 1-2

01 ④	02 ③	03 ②	04 ③	05 ③
06 ④	07 ②	08 ①	09 ①	10 ④
11 ③	12 ③	13 ④	14 ④	15 ①
16 ④	17 ④	18 ③	19 ③	20 ③
21 ③	22 ②	23 ②	24 ①	25 ②
26 ④	27 ③	28 ③	29 ③	30 ③
31 ④	32 ①	33 ②	34 ③	35 ③
36 ③	37 ②	38 ①	39 ③	40 ①
41 ①	42 ③	43 ④	44 ④	45 ③
46 ③	47 ②	48 ②	49 ④	50 ①
51 ④	52 ③	53 ②	54 ④	55 ③

[보충설명]

01. ④ 원가는 발생한 기간에 제품제조원가로 한다.

02. 원가의 3요소는 재료비, 노무비, 제조경비이다.

03. 원가는 추적가능성에 따라 직접비와 간접비로 분류한다.

04. 기본원가는 직접재료비와 직접노무비이다.

05. 가공원가는 직접노무비와 제조간접비이다.

06. ④ 가공원가란 직접노무비와 제조간접비이다.

07. ② 직접노무비는 기초원가와 가공비에 모두 해당 된다.

08. ① 직접노무비는 기본원가인 동시 가공비인 제품원가이다.

09. ① 파업기간의 임금은 비원가항목이다.

10. ④ 광고선전비와 사장에게 지급되는 급여는 비제조원가 이다.

11. ①②④는 비제조원가 이다.

12. 혼합원가는 고정비와 변동비가 혼합된 형태의 원가이고, 전환원가는 직접노무비와 제조간접비를 말한다.

13. 160,000 + (2,000 + 3,000 + 4,000) = 169,000

14.

기본원가 100,000	직접재료비 40,000	
	[직접노무비] (60,000)	가공원가 80,000
	[제조간접비] (20,000)	

15. 직접재료비 800×28=22,400
    직접노무비 800×14=11,200
    변동제조간접비 800×12=9,600
    기본원가 : 22,400+11,200=33,600
    가공원가 : 11,200 + 9,600+26,000=46,800

16. 제조간접비는 간접재료비, 간접노무비, 간접제조경비이다.

17. ④ 제조원가에는 직접원가와 간접원가가 있다.

18. 자산 = 미소멸원가이다.

19. ③ 매출원가는 비용으로 소멸원가이다.

20. ③ 매출원가는 소멸원가에 속한다.

21. ㉠ 20,000 ÷ 100개 = @₩200
    ㉡ @₩200 × 70개 = 14,000

22. ② 변동원가와 고정원가를 원가행태(조업도)에 따른 분류라고 한다.

23. ②임차료는 고정비이고, 고정비는 조업에 관계없이 총액이 일정하게 발행한다.

25. ② 감가상각비는 고정비이고, 판매부서에서 사용하면 기간비용으로 한다.

26. ④ 감가상각비는 고정비이다.

27. ③ 임차료는 고정비이다.

28. 책 표지 특수용지는 재료비로 변동원가이다.

29. ③ 생산량이 증가해도 단위당원가는 일정하다.

33. ② 단위당 고정비는 증가한다.

35. ③은 변동비가 아니고 고정비 설명이다.

36. ③변동비는 조업도가 증가해도 단위당원가는 일정하다.

37. ② 총고정원가는 일정하다.

38. 조업도가 증가하면 변동원가의 총원가는 증가하고, 단위당원가는 불변이며, 고정원가의 총원가는 불변이고, 단위당원가는 감소한다.

39. ③ 제품단위당고정비는 생산량과 반비례한다.

40. ① a는 변동비이고 b는 고정비이며, 임차료와 감가상각비는 모두 고정비이다.

41. ①고정원가와 변동원가가 혼합된 형태의 원가이다.

42. ①변동비, ②고정비, ③준고정비, ④준변동비이며 지문설명은 ③준고정비이다.

43. ④ 매몰원가는 이미 발생한 원가로 의사결정에 영향을 줄 수 없는 원가이다.

44. ④ 기회비용은 포기해야 하는 대안에서 얻을 수 있는 최대의 효익

45. ③관련원가는 의사결정에 필요한 원가로 현금지출로 구별하지 않는다.

46. ③ 현재의 의사결정에 고려하여야 하는 원가는 관련원가이다.

47. ② 이미 발생하여 현재의 의사결정과는 관련이 없는 원가를 매몰원가라고 한다. 따라서 기계의 장부금액인 800,000원은 기계의 처분여부와는 관련이 없는 매몰원가이다.

48. ② 직접원가와 간접원가는 추적가능성(제품관련성)에 따른 분류이다.

49. ④ 판매이익은 판매원가에 속하지 않고 판매가격에 속한다.

50. ②③④는 판매비와 관리비로 판매원가에 산입되고 ①이자비용은 영업외비용이다.

51. ①제조원가, ②가공원가, ③기본가설명이다.

52.

			[판매비와관리비] (20,000)	
		[제조간접비] (30,000)		
[직접재료비] (40,000)				
[직접노무비] (30,000)	[직접원가] (70,000)	[제조원가] (100,000)	[판매원가] (120,000)	
[직접제조경비] (0)				

53.

			[판매비와관리비] (3,000,000)	
		[제조간접비] (3,000,000)		
[직접재료비] (3,000,000)				
[직접노무비] (2,000,000)	[직접원가] (5,000,000)	[제조원가] (8,000,000)	[판매원가] (11,000,000)	
[직접제조경비] (0)				

54. 60,000 + 20,000 = 80,000(직접원가)
    30,000 + 15,000 + 30,000 + 5,000 = 80,000(제조간접비)
    80,000 + 80,000 = 160,000(제조원가)

55.

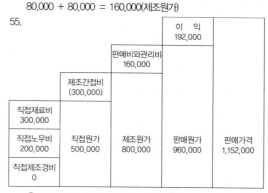

				이 익 192,000
			판매비와관리비 160,000	
		제조간접비 (300,000)		
직접재료비 300,000				
직접노무비 200,000	직접원가 500,000	제조원가 800,000	판매원가 960,000	판매가격 1,152,000
직접제조경비 0				

㉠ 1,152,000 / 120 × 100 = 960,000
㉡ 960,000 / 120 × 100 = 800,000
㉢ 800,000 − 500,000 = 300,000

03 원가계산의 단계와 종류

기본문제 1-3

01 (1) 요소별   (2) 부문별   (3) 제품별

02 (1) 종   (2) 종   (3) 개   (4) 개   (5) 종
    (6) 종   (7) 종   (8) 개   (9) 종   (10) 개
    (11) 개   (12) 종

03 (1) ⓔ   (2) ⓐ   (3) ⓓ   (4) ⓕ   (5) ⓑ
    (6) ⓒ

| 01 ① | 02 ① | 03 ③ | 04 ② | 05 ③ |
| 06 ① | 07 ② | 08 ① | | |

[보충설명]

01. ①원가계산의 절차는 요소별원가계산 → 부문별원가계산 → 제품별원가계산으로 이루어 진다.
02. ②③④은 개별원가계산방식이다.
03. 제분업, 제당업, 제지업, 화학공업, 식료기공업 양조업은 종합원가계산이고, 건설업, 토목업, 조선업은 개별원가계산이다.
04. ②대량생산형태는 종합원가계산으로 한다.
08. ①대외적인 보고목적의 원가계산은 실제원가계산이다.

제2장 원가의 흐름

01 제조원가의 흐름과 기장

기본문제 2-1

01

구분	차 변		대 변	
(1)	재　　　　료	600,000	외 상 매 입 금	600,000
(2)	재 료 비	620,000	재　　　　료	620,000
(3)	재 공 품	500,000	재 료 비	620,000
	제 조 간 접 비	120,000		

재　　료

전 월 이 월	30,000	재 료 비	620,000
외 상 매 입 금	600,000	차 월 이 월	10,000
	630,000		630,000

재 료 비

재　　료	620,000	제　　　좌	620,000

재 공 품

재 료 비	500,000		

제조간접비

재 료 비	120,000		

02

구분	차 변		대 변	
(1)	임　　　　금	400,000	현　　　　금	400,000
(2)	노 무 비	380,000	임　　　　금	380,000
(3)	재 공 품	200,000	노 무 비	380,000
	제 조 간 접 비	180,000		

임　　금

현　　　　금	400,000	전 월 이 월	30,000
차 월 이 월	10,000	노 무 비	380,000
	410,000		410,000

노 무 비

임　　　　금	380,000	제　　　좌	380,000

재 공 품

노 무 비	200,000		

제조간접비

노 무 비	180,000		

03

구분	차 변		대 변	
(1)	경　　　　비	200,000	현　　　　금	200,000
(2)	제 조 경 비	100,000	경　　　　비	190,000
	월 차 손 익	90,000		
(3)	제 조 간 접 비	100,000	제 조 경 비	100,000

경　　비

전 월 이 월	20,000	제　　　　좌	190,000
현　　　　금	200,000	차 월 이 월	30,000
	220,000		220,000

제 조 경 비

경　　　　비	100,000	제 조 간 접 비	100,000

제조간접비

제 조 경 비	100,000		

월차손익

경　　　　비	90,000		

04

구분	차 변		대 변	
(1)	재 공 품	400,000	제 조 간 접 비	400,000
(2)	제　　　　품	1,000,000	재 공 품	1,000,000

제조간접비

재 료 비	120,000	재 공 품	400,000
노 무 비	180,000		
제 조 경 비	100,000		
	400,000		400,000

재 공 품

전 월 이 월	100,000	제　　　　품	1,000,000
재 료 비	500,000	차 월 이 월	200,000
노 무 비	200,000		
제 조 간 접 비	400,000		
	1,200,000		1,200,000

제　　품

재 공 품	1,000,000		

05

구분	차 변		대 변	
(1)	외 상 매 출 금	1,500,000	매　　　　출	1,500,000
	매 출 원 가	1,100,000	제　　　　품	1,100,000
(2)	월 차 손 익	1,100,000	매 출 원 가	1,100,000
	매　　　　출	1,500,000	월 차 손 익	1,500,000

제　　품

전 월 이 월	200,000	매 출 원 가	1,100,000
재 공 품	1,000,000	차 월 이 월	100,000
	1,200,000		1,200,000

매 출 원 가

제　　　　품	1,100,000	월 차 손 익	1,100,000

매　　출

월 차 손 익	1,500,000	외 상 매 출 금	1,500,000

월차손익

매 출 원 가	1,100,000	매　　　　출	1,500,000

06

구 분	차 변		대 변	
3월 6일	원 재 료	45,000	외 상 매 입 금	45,000
3월 10일	임　　　　금	60,000	현　　　　금	60,000
3월 15일	제　　　　품	70,000	재 공 품	70,000
3월 20일	외 상 매 출 금	68,000	매　　　　출	68,000
	매 출 원 가	50,000	제　　　　품	50,000

07

원 재 료

전 월 이 월	14,000	재 공 품	39,000
외 상 매 입 금	40,000	차 월 이 월	15,000
	54,000		54,000

노 무 비

현 금	78,000	전 월 이 월	10,000
차 월 이 월	12,000	재 공 품	80,000
	90,000		90,000

재 공 품

전 월 이 월	15,000	제 품	184,000
재 료 비	39,000	차 월 이 월	20,000
노 무 비	80,000		
제 조 간 접 비	70,000		
	204,000		204,000

제 품

전 월 이 월	25,000	매 출 원 가	174,000
재 공 품	184,000	차 월 이 월	35,000
	209,000		209,000

(1) 39,000   (2) 80,000   (3) 189,000
(4) 184,000   (5) 174,000

08

구분	차 변		대 변	
①	재 료	100,000	외 상 매 입 금	100,000
②	임 금	80,000	현 금	80,000
③	경 비	60,000	당 좌 예 금	60,000
④	재 료 비	90,000	재 료	90,000
⑤	노 무 비	70,000	임 금	70,000
⑥	제 조 경 비	30,000	경 비	56,000
	월 차 손 익	26,000		
⑦	재 공 품	60,000	재 료 비	90,000
	제 조 간 접 비	30,000		
⑧	재 공 품	50,000	노 무 비	70,000
	제 조 간 접 비	20,000		
⑨	제 조 간 접 비	30,000	제 조 경 비	30,000
⑩	재 공 품	80,000	제 조 간 접 비	80,000
⑪	제 품	194,000	재 공 품	194,000
⑫	현 금	300,000	매 출	300,000
	매 출 원 가	180,000	제 품	180,000
⑬	매 출	300,000	월 차 손 익	300,000
	월 차 손 익	180,000	매 출 원 가	180,000

재 료

전 월 이 월	20,000	재 료 비	90,000
외 상 매 입 금	100,000	차 월 이 월	30,000
	120,000		120,000

재 료 비

재 료	90,000	제 좌	90,000

임 금

현 금	80,000	전 월 이 월	14,000
차 월 이 월	4,000	노 무 비	70,000
	84,000		84,000

노 무 비

임 금	70,000	제 좌	70,000

경 비

전 월 이 월	6,000	제 좌	56,000
당 좌 예 금	60,000	차 월 이 월	10,000
	66,000		66,000

제 조 경 비

경 비	30,000	제 조 간 접 비	30,000

제 조 간 접 비

재 료 비	30,000	재 공 품	80,000
노 무 비	20,000		
제 조 경 비	30,000		
	80,000		80,000

재 공 품

전 월 이 월	26,000	제 품	194,000
재 료 비	60,000	차 월 이 월	22,000
노 무 비	50,000		
제 조 간 접 비	80,000		
	216,000		216,000

제 품

전 월 이 월	32,000	매 출 원 가	180,000
재 공 품	194,000	차 월 이 월	46,000
	226,000		226,000

매 출 원 가

제 품	180,000	월 차 손 익	180,000

매 출

월 차 손 익	300,000	현 금	300,000

월 차 손 익

매 출 원 가	180,000	매 출	300,000
경 비	26,000		

01 ③	02 ①	03 ③	04 ④	05 ③
06 ②	07 ③	08 ③	09 ④	10 ③
11 ②	12 ②	13 ①	14 ③	15 ③
16 ①	17 ④	18 ①	19 ②	20 ④
21 ③	22 ③	23 ④	24 ①	25 ①
26 ③				

[보충설명]

01.

직 접 재 료

전 월 이 월	4,000	사 용 액	10,000
매 입 액	(11,000)	차 월 이 월	5,000
	15,000		15,000

▣ 사용액 = 소비액

02.

노 무 비

지 급 액	108,000	전 월 이 월	10,000
차 월 이 월	12,000	발 생 액	110,000
	120,000		120,000

▣ 발생액 = 소비액

03. ① 판매비와관리비가 아니고, 제조원가에 해당한다.
    ② 고정비가 아니고, 변동비에 해당한다.
    ④ 재료계정이 아니고, 노무비계정에 대체된다.

04. ①②③은 재공품계정 차변에 기입된다.

05. ①②④는 재공품계정 차변에 기입된다.

06. 제조간접비 : 8,050,000 × 0.5 = 4,025,000
    당기총제조비용 : 10,000,000 + 8,050,000 + 4,025,000
                    = 22,075,000

07.

원 재 료

전 월 이 월	100,000	재 공 품	500,000
매 입 액	600,000	차 월 이 월	200,000
	700,000		700,000

재 공 품			
전 월 이 월	1,000,000	제 품	4,000,000
재 료 비	500,000	차 월 이 월	500,000
노 무 비	(1,500,000)		
제 조 간 접 비	1,500,000		
	4,500,000		4,500,000

08.

재 공 품			
전 월 이 월	(240,000)	제 품	1,080,000
재 료 비	480,000	차 월 이 월	150,000
노 무 비	320,000		
제 조 간 접 비	190,000		
	1,230,000		1,230,000

09.

재 공 품			
전 월 이 월	16,000	제 품	(72,000)
재 료 비	50,000	차 월 이 월	24,000
노 무 비	12,000		
제 조 간 접 비	18,000		
	96,000		96,000

10.

재 공 품			
전 월 이 월	100,000	제 품	(1,450,000)
재 료 비	600,000	차 월 이 월	250,000
가 공 비	1,000,000		
	1,700,000		1,700,000

11.

재 공 품			
전 월 이 월	200,000	제 품	3,050,000
당 기 총 제 조 비 용	3,000,000	차 월 이 월	150,000
	3,200,000		3,200,000

제 품			
전 월 이 월	400,000	매 출 원 가	(2,950,000)
재 공 품	(3,050,000)	차 월 이 월	500,000
	3,450,000		3,450,000

12.

재 공 품			
전 월 이 월	(2,000,000)	제 품	10,000,000
당 기 총 제 조 비 용	10,000,000	차 월 이 월	2,000,000
	12,000,000		12,000,000

제 품			
전 월 이 월	5,000,000	매 출 원 가	12,000,000
재 공 품	10,000,000	차 월 이 월	3,000,000
	15,000,000		15,000,000

13.

원 재 료			
전 월 이 월	38,000	재 공 품	313,000
매 입 액	320,000	차 월 이 월	45,000
	358,000		358,000

재 공 품			
전 월 이 월	150,000	제 품	(703,000)
재 료 비	313,000	차 월 이 월	180,000
노 무 비	150,000		
제 조 간 접 비	270,000		
	883,000		883,000

15.

재 료			
전 월 이 월	140,000	재 공 품	390,000
매 입 액	400,000	차 월 이 월	150,000
	540,000		540,000

재 공 품			
전 월 이 월	150,000	제 품	1,840,000
재 료 비	390,000	차 월 이 월	200,000
노 무 비	800,000		
제 조 간 접 비	700,000		
	2,040,000		2,040,000

제 품			
전 월 이 월	250,000	매 출 원 가	(1,740,000)
재 공 품	1,840,000	차 월 이 월	350,000
	2,090,000		2,090,000

16.

재 공 품			
전 월 이 월	20,000	제 품	99,000
당 기 총 제 조 비 용	100,000	차 월 이 월	21,000
	120,000		120,000

제 품			
전 월 이 월	30,000	매 출 원 가	(104,000)
재 공 품	99,000	차 월 이 월	25,000
	129,000		129,000

17.

재 공 품			
전 월 이 월	2,200	제 품	5,000
당 기 총 제 조 비 용	4,000	차 월 이 월	(1,200)
	6,200		6,200

18.

재 공 품			
전 월 이 월	0	제 품	100,000
당 기 총 제 조 비 용	100,000	차 월 이 월	0
	100,000		100,000

제 품			
전 월 이 월	5,000	매 출 원 가	98,000
재 공 품	100,000	차 월 이 월	7,000
[판 매 가 능 액]	(105,000)		105,000

19.

제 품			
전 월 이 월	20,000	매 출 원 가	(124,000)
재 공 품	130,000	차 월 이 월	26,000
[판 매 가 능 액]	150,000		150,000

20. 계약만으로는 회계상 거래가 아니다.

21.

제 품	
기 초 제 품	매 출 원 가
당기제품제조원가	기 말 제 품

기초제품과 기말제품이 같거나 없는 경우이다.

22.

재 공 품	
기초재공품재고액	당기제품제조원가
당 기 총 제 조 원 가	기말재공품재고액

제 품	
기 초 제 품 재 고 액	당 기 매 출 원 가
당기제품제조원가	기 말 제 품 재 고 액

23. 기초재공품액-기말재공품액=당기제품제조원가-당기총제조원가
기초재공품액>기말재공품액=당기제품제조원가>당기총제조원가

24.

재 공 품	
기초재공품재고액	당기제품제조원가
당 기 총 제 조 원 가	기말재공품재고액

25. ㉠ 기계감가상각비(2,400) + 공장건물감가상각비(1,500) +
　　공장 감독자급여(2,000) + 공장건물 화재보험료(1,800) =
　　제조간접비(7,700)
　　㉡ 직접재료비(2,000) + 직접노무비(3,000) + 제조간접비(7,700)
　　= 당기총제조비용(12,700)

26. 제품매출시 분개
　　(차) 현　　　금　×× (대) 매　　출　××
　　　　매 출 원 가　×× 　　제　　품　××

01 재료비

기본문제 3-1

01 (1) 주요재료비, 부품비, 보조재료비
　(2) 직접재료비
　(3) 계속기록법, 실지재고조사법
　(4) 선입선출법, 이동평균법
　(5) 제조간접비(매출원가), 손익

02

구분	차　변		대　변	
(1)	재　　　　료	150,000	외 상 매 입 금	150,000
(2)	재　료　비	145,000	재　　　　료	145,000
(3)	외 상 매 입 금	140,000	현　　　　금	140,000

재　료			
전 월 이 월	10,000	재　료　비	145,000
외 상 매 입 금	150,000	차 월 이 월	15,000
	160,000		160,000

외상매입금			
현　　　　금	140,000	전 월 이 월	20,000
차 월 이 월	30,000	재　　　　료	150,000
	170,000		170,000

03

구　분	차　변		대　변	
재 료 매 입	재　　　　료	150,000	외 상 매 입 금	150,000
환출및에누리	외 상 매 입 금	10,000	재　　　　료	10,000
재 료 출 고	재　료　비	110,000	재　　　　료	110,000
재 료 소 비	재　공　품	90,000	재　료　비	110,000
	제 조 간 접 비	20,000		

재　료			
전 월 이 월	20,000	외 상 매 입 금	10,000
외 상 매 입 금	150,000	재　료　비	110,000
		차 월 이 월	50,000
	170,000		170,000

재　료　비			
재　　　　료	110,000	제　　　　좌	110,000

재　공　품		
재　료　비	90,000	

제조간접비		
재　료　비	20,000	

04 (1) ① 40 + 200 − 50 = 190
　　② 190 × 3,000 = 570,000
　(2) ① 40 + 200 − 45 = 195
　　② 195 × 3,000 = 585,000
　(3) (50 − 45) × 3,000 = 15,000
　(4) 45 × (3,000 − 2,900) = 4,500
05 (1) ① 250 + 1,500 − 200 = 1,550
　　② 1,550 × 200 = 310,000
　(2) ① 250 + 1,500 − 180 = 1,570
　　② 1,570 × 200 = 314,000
　(3) (200 − 180) × 200 = 4,000
　(4) 180 × (200 − 180) = 3,600

06 월말장부재고량 : 200 + 1,500 − 1,400 = 300
　재료감모손실 : (300 − 200) × 30 = 3,000
　정상적감모손실 : 30개 × 30 = 900
　비정상적감모손실 : 70개 × 30 = 2,100
　재료평가손실 : 200 × (30 − 20) = 2,000

구　분	차　변		대　변	
감모손실발생	재 료 감 모 손 실	3,000	재　　　　료	3,000
감모손실처리	제조간접비(매출원가)	900	재 료 감 모 손 실	3,000
	손　　　　익	2,100		
평가손실발생	재 료 평 가 손 실	2,000	재　　　　료	2,000
평가손실처리	매　출　원　가	2,000	재 료 평 가 손 실	2,000

07

재 료 원 장　　　　(선입선출법)

월일		적 요	입　고			출　고			잔　액		
			수량	단가	금액	수량	단가	금액	수량	단가	금액
7	1	전월이월	400	100	40,000				400	100	40,000
	7	매　입	600	120	72,000				400	100	40,000
									600	120	72,000
	14	출　고				400	100	40,000			
						200	120	24,000	400	120	48,000
	21	매　입	500	130	65,000				400	120	48,000
									500	130	65,000
	29	출　고				400	120	48,000			
						160	130	20,800	340	130	44,200
	31	차월이월				340	130	44,200			
			1,500		177,000	1,500		177,000			

(1) 132,800　　　　　(2) 44,200

08

재 료 원 장　　　　(후입선출법)

월일		적 요	입　고			출　고			잔　액		
			수량	단가	금액	수량	단가	금액	수량	단가	금액
7	1	전월이월	400	100	40,000				400	100	40,000
	7	매　입	600	120	72,000				400	100	40,000
									600	120	72,000
	14	출　고				600	120	72,000	400	100	40,000
	21	매　입	500	130	65,000				400	100	40,000
									500	130	65,000
	29	출　고				500	130	65,000			
						60	100	6,000	340	100	34,000
	31	차월이월				340	100	34,000			
			1,500		177,000	1,500		177,000			

(1) 143,000　　　　　(2) 34,000

09

재 료 원 장　　　　(이동평균법)

월일		적 요	입　고			출　고			잔　액		
			수량	단가	금액	수량	단가	금액	수량	단가	금액
7	1	전월이월	400	100	40,000				400	100	40,000
	7	매　입	600	120	72,000				1,000	112	112,000
	14	출　고				600	112	67,200	400	112	44,800
	21	매　입	500	130	65,000				900	122	109,800
	29	출　고				560	122	68,320	340	122	41,480
	31	차월이월				340	122	41,480			
			1,500		177,000	1,500		177,000			

재 료 원 장　　　　(총평균법)

월일		적 요	입　고			출　고			잔　액		
			수량	단가	금액	수량	단가	금액	수량	단가	금액
7	1	전월이월	400	100	40,000				400	100	40,000
	7	매　입	600	120	72,000				1,000		
	14	출　고				600	118	70,800	400		
	21	매　입	500	130	65,000				900		
	29	출　고				560	118	66,080	340		
	31	차월이월				340	118	40,120			
			1,500		177,000	1,500		177,000			

총평균단가 : 177,000 ÷ 1,500 = @₩118

01 ②	02 ④	03 ④	04 ④	05 ④
06 ④	07 ④	08 ④	09 ①	10 ④
11 ②	12 ④	13 ②	14 ①	15 ③
16 ①	17 ②			

[보충설명]

01.
재 료

월 초 재 료	100,000	환 출 및 에 누 리	10,000
총 매 입 액	70,000	재 료 소 비 액	(110,000)
		차 기 이 월	50,000
	170,000		170,000

02.
직 접 재 료

전 기 이 월	0	소 비 액	(41,450)
매 입 액	46,700	차 기 이 월	5,250
	46,700		46,700

외 상 매 입 금

지 급 액	47,500	전 기 이 월	9,300
차 기 이 월	8,500	외 상 매 입 액	46,700
	56,000		56,000

03.
직 접 재 료

전 기 이 월	3,000	사 용 액	(45,000)
매 입 액	42,000	차 기 이 월	0
	45,000		45,000

외 상 매 입 금

지 급 액	40,000	전 기 이 월	0
차 기 이 월	2,000	외 상 매 입 액	42,000
	42,000		42,000

04. ④ 재료비 계정에 집계된 당기 재료비 중 간접재료비는 제조간접비 계정 차변으로 대체된다.

05. ④ 재료비 계정에 집계된 당기 재료비 중 직접재료비는 재공품계정 간접재료비는 제조간접비계정 차변으로 대체된다.

08. ④볼트와너트 – 보조재료비 – 간접재료비

09. ① 재료감모손실이 정상적인 원인으로 발생하면 제조간접비계정에 대체되어 결국 매출원가에 가산된다.

10. ④는 계속기록법 설명이다.

11. ②가장 정확한 단가 결정방법은 개별법이다.

12. ④이동평균법은 재료의 입출고를 계속적으로 기록하는 전제하에 적용이 가능하므로 실지재고조사업에서는 사용이 불가능하다.

13. ②감모손실이 없는 경우 계속기록법과 실지재고조사법을 선입선출법으로 하면 결과값이 동일하다.

14. ①계속기록법으로 장부재고를 구하고, 실지재고조사업으로 실제 재고를 구하여 그 차이가 감모손실이 된다.

15.
재 료 원 장
(선입선출법)

월일	적요	입고 수량	입고 단가	입고 금액	출고 수량	출고 단가	출고 금액	잔액 수량	잔액 단가	잔액 금액
1	1	전월이월	200	200	40,000				200	200	40,000
	14	입고	300	210	63,000				200	200	40,000
									300	210	63,000
	17	출고				200	200	40,000			
						200	210	42,000	100	210	21,000
	19	입고	300	220	66,000				100	210	21,000
									300	220	66,000
	25	출고				100	210	21,000			
						200	220	44,000	100	220	22,000
	31	차월이월				100	220	22,000			
			800		169,000	800		169,000			

출고 개수 : 1/17 400개 + 1/25 300개 = 700개

선입선출법으로 재료소비액을 계산하면
1/ 1 200개 × 200 = 40,000
1/14 300개 × 210 = 63,000
1/19 200개 × 220 = 44,000 → 147,000

16.
재 료 원 장
(총평균법)

월일	적요	입고 수량	입고 단가	입고 금액	출고 수량	출고 단가	출고 금액	잔액 수량	잔액 단가	잔액 금액
5	1	전월이월	100	800	80,000				100	800	80,000
	8	소 비				40			60		
	10	구 입	100	830	83,000				160		
	18	소 비				80			80		
	25	구 입	50	850	42,500				130		
	30	소 비				80			50		
	31	차월이월				50	822	41,100			
			250		205,500	250		205,500			

총평균단가 : 205,500 ÷ 250 = @₩822

17. 200 + 1,500 − 1,400 = 300(장부재고)
300 − 180 = 120(감모수량)
50개 × 30 = 1,500(정상적 감모손실)
70개 × 30 = 2,100(비정상적 감모손실)
정상적 감모손실은 제조간접비(매출원가)계정에 대체되고,
비정상적 감모손실은 손익계정에 대체된다.

02 노무비

기본문제 3-2

01

구분	차 변		대 변	
(1)	임 금	2,000,000	소 득 세 예 수 금	50,000
			의료보험료예수금	30,000
			현 금	1,920,000
(2)	노 무 비	2,100,000	임 금	2,100,000
(3)	재 공 품	1,500,000	노 무 비	2,100,000
	제 조 간 접 비	600,000		

임 금

제 좌	2,000,000	전 기 이 월	200,000
차 기 이 월	300,000	노 무 비	2,100,000
	2,300,000		2,300,000

노 무 비

임 금	2,100,000	제 좌	2,100,000

재 공 품

노 무 비	1,500,000		

제조간접비

노 무 비	600,000		

02

평균임률	3,200,000 ÷ 1,000 = 3,200
A제품에 부과되는 노무비	3,200 × 600 = 1,920,000

03

평균임률	800,000 ÷ 200 = 4,000
A제품에 부과되는 노무비	4,000 × 50 = 200,000

01 ③	02 ③	03 ①	04 ④	05 ④
06 ④	07 ③	08 ③	09 ①	10 ④
11 ②	12 ①			

[보충설명]

02.

임 금			
지 급 액	90,000	전 월 미 지 급 액	(30,000)
당 월 미 지 급 액	20,000	발 생 액	80,000
	110,000		110,000

03.

노 무 비			
지 급 액	(108,000)	전 월 미 지 급 액	10,000
당 월 미 지 급 액	12,000	소 비 액 (발 생 액)	110,000
	120,000		120,000

04.

임 금			
당 기 지 급 액		전 기 미 지 급 액	
당 기 미 지 급 액		소 비 액 (발 생 액)	

05.

직접노무비			
임 금 지 급 액		전월임금미지급액	
당월임금미지급액		소 비 액 (발 생 액)	

06. ④ ~원가에 반영된다.

07. ③ ~노무비는 회계연도 중의 원가계산기간에 안분하여 계산한다.

08.

노 무 비			
지 급 액	100,000	발 생 액 (소 비 액)	(80,000)
당 월 미 지 급 액	30,000	당 월 선 급 액	50,000
	130,000		130,000

09. 직접비는 재공품계정에 간접비는 제조간접비계정에 대체한다.

10. ④A제품 조립공 임금은 직접원가이고, 수선공임금은 간접원가이다.

11. 240,000 ÷ 30,000 = 8

8 × 10,000 = 80,000

03 제조경비

01 (1) 월할제조경비 : ① ⑦ ⑨ ⑪ ⑫

(2) 측정제조경비 : ⑤ ⑬

(3) 발생제조경비 : ② ③ ④ ⑧ ⑩

(4) 발생제조경비 : ⑥ ⑭

02

구분	경비 분류	발 생 액
(1)	월할제조경비	360,000÷12=30,000
(2)	측정제조경비	(2,000−1,200)×100=80,000
(3)	지급제조경비	40,000−20,000+40,000=60,000
(4)	발생제조경비	3,000

03

제조경비항목	소 비 액	공 장		본 사
		직접제조경비	간접제조경비	
감 가 상 각 비	5,000		3,000	2,000
보 험 료	50,000		30,000	20,000
전 력 비	80,000		48,000	32,000
가 스 수 도 비	180,000		108,000	72,000
외 주 가 공 비	18,000	18,000		
수 선 비	220,000		132,000	88,000
재 료 감 모 손 실	15,000		15,000	
합 계	568,000	18,000	336,000	214,000

[합계분개]

차변과목	금 액	대변과목	금 액
재 공 품	18,000	감 가 상 각 비	5,000
		보 험 료	50,000
제 조 간 접 비	336,000	전 력 비	80,000
		가 스 수 도 비	180,000
		외 주 가 공 비	18,000
월 차 손 익	214,000	수 선 비	220,000
		재 료 감 모 손 실	15,000

[보충설명]

(1) 감가상각비 : $\dfrac{(취득원가-잔존가액)}{내용연수}$ = 감가상각비(1년)

　㉠ $\dfrac{(600,000-0)}{10}$ = 60,000

　㉡ 60,000 ÷ 12 = 5,000

(2) 보험료 : 300,000 ÷ 6 = 50,000

(3) 전력비 : (2,400 − 2,000) × 200 = 80,000

(4) 가스수도비 : 측정액 = 소비액

(5)

외 주 가 공 비			
당 월 지 급 액	20,000	전 월 미 지 급 액	5,000
당 월 미 지 급 액	3,000	소 비 액	(18,000)
	23,000		23,000

(6)

수 선 비			
전 월 선 급 액	50,000	소 비 액	(220,000)
당 월 지 급 액	200,000	당 월 선 급 액	30,000
	250,000		250,000

(7) 재료감모손실 : 80,000 − 65,000 = 15,000

01 ③	02 ①	03 ④	04 ②	05 ②
06 ③	07 ④	08 ④	09 ④	

[보충설명]

01. ③정상적인 재료감모손실은 제조간접비이고, 비정상적인 재료감모손실은 영업외비용이다.

02. ①공장부지의 재산세는 간접비이다.

03. ①복리후생비, 수선비는 지급제조경비이다.

②감가상각비, 보험료, 임차료는 월할제조경비이다.

③전력비, 수도료, 가스료는 측정제조경비이다.

05. ①은 월할제조경비, ③은 지급제조경비, ④은 측정제조경비 설명이다.

06. 250,000 × 60% = 150,000

07. ④ (2,000Kwh−1,500Kwh) × 50원 = 25,000원

08.

수 선 비			
전 월 선 급 액	2,000	전 월 미 지 급 액	1,000
지 급 액	5,000	소 비 액	(7,000)
당 월 미 지 급 액	4,000	당 월 선 급 액	3,000
	11,000		11,000

09.

차 량 유 지 비			
전 월 선 급 액	20,000	전 월 미 지 급 액	0
지 급 액	100,000	소 비 액	(170,000)
당 월 미 지 급 액	50,000	당 월 선 급 액	0
	170,000		170,000

제4장 원가배분

01 원가배분 기초개념

기본문제 4-1

01 (1) ⓒ   (2) ⓓ   (3) ⓐ   (4) ⓑ
02 (1) ⓒ   (2) ⓕ   (3) ⓖ   (4) ⓑ   (5) ⓔ
    (6) ⓗ   (7) ⓐ   (8) ⓓ   (9) ⓖ

검정문제 4-1

01 ②	02 ①	03 ①	04 ②	05 ①
06 ③	07 ④	08 ②	09 ③	10 ①

02 제조간접비의 배부

기본문제 4-2

01 (1) 배부율 : 200,000 ÷ 2,000,000 = 0.1
   (2) A제품 제조간접비 배부액 : 800,000 × 0.1 = 80,000
02 (1) 배부율 : 240,000 ÷ 300,000 = 0.8
   (2) A제품 제조간접비 배부액 : 180,000 × 0.8 = 144,000
   (3) A제품 제조원가 : 400,000 + 180,000 + 144,000 = 724,000
03 (1) 배부율 : 180,000 ÷ (600,000+300,000) = 0.2
   (2) A제품 제조간접비 배부액 : (400,000+180,000)×0.2=116,000
   (3) A제품 제조원가 : 400,000+180,000+116,000=696,000
04

구 분	배 부 율	갑제품 제조간접비 배부액
직접노동시간법	300,000÷1,000=300	400×300=120,000
기계작업시간법	300,000÷600=500	200×500=100,000

05 (1) 배부율 : 800,000 ÷ 5,000 = 160
   (2) No.8 제조간접비 배부액 : 160 × 180 = 28,800
06 (1) 배부율 : 3,000,000 ÷ 10,000 = 300
   (2) 제조간접비 배부액 : 300 × 8,000 = 2,400,000
   (3) 제조원가 : 4,000,000+1,500,000+2,400,000=7,900,000
07

구분	차 변		대 변	
(1)	재 공 품	14,000	제 조 간 접 비	14,000
(2)	제 조 간 접 비	17,000	재 료 비	10,000
			노 무 비	5,000
			제 조 경 비	2,000
(3)	제조간접비배부차이	3,000	제 조 간 접 비	3,000
(4)	매 출 원 가	3,000	제조간접비배부차이	3,000

제조간접비			
재 료 비	10,000	재 공 품	14,000
노 무 비	5,000	제조간접비배부차이	3,000
제 조 경 비	2,000		
	17,000		17,000

제조간접비배부차이			
제 조 간 접 비	3,000	매 출 원 가	3,000

매 출 원 가			
제조간접비배부차이	3,000		

08

구분	차 변		대 변	
(1)	재 공 품	50,000	제 조 간 접 비	50,000
(2)	제 조 간 접 비	45,000	재 료 비	15,000
			노 무 비	20,000
			제 조 경 비	10,000
(3)	제 조 간 접 비	5,000	제조간접비배부차이	5,000
(4)	제조간접비배부차이	5,000	재 공 품	500
			제 품	1,000
			매 출 원 가	3,500

[안분액 계산과정]

재 공 품	$5,000 \times \dfrac{20,000}{(20,000 + 40,000 + 140,000)} = 500$
제 품	$5,000 \times \dfrac{40,000}{(20,000 + 40,000 + 140,000)} = 1,000$
매 출 원 가	$5,000 \times \dfrac{140,000}{(20,000 + 40,000 + 140,000)} = 3,500$

[안분후 기말 잔액시산표]

잔 액 시 산 표	
재 공 품	19,500
제 품	39,000
매 출 원 가	136,500

검정문제 4-2

01 ③	02 ②	03 ②	04 ②	05 ②
06 ②	07 ②	08 ①	09 ①	10 ②
11 ④	12 ③	13 ①	14 ①	15 ①
16 ③	17 ③	18 ③	19 ②	20 ③
21 ③	22 ①	23 ③	24 ①	25 ②
26 ④	27 ③	28 ④	29 ③	30 ③
31 ②	32 ④	33 ④	34 ②	

[보충설명]
01. ③은 판매비와관리비이다.
02. 가액법에는 직접재료비법, 직접노무비법, 직접원가법, 시간법에는 직접노동시간법, 기계작업시간법 등이 있다.
03. $700,000 \times \dfrac{300,000}{500,000} = 420,000$
04. ㉠ X제품 직접원가 : 150,000 + 50,000 = 200,000
   ㉡ Y제품 직접원가 : 250,000 + 150,000 = 400,000
   ㉢ X제품 제조간접비 : $300,000 \times \dfrac{200,000}{(200,000+400,000)} = 100,000$
05. $300,000 \times \dfrac{(160,000 + 80,000)}{(700,000 + 500,000)} = 60,000$
06. $7,500,000 \times \dfrac{(300,000 + 400,000)}{(1,000,000 + 1,500,000)} = 2,100,000$
07. $300,000 \times \dfrac{500}{3,000} = 50,000$
08. $35,000 \times \dfrac{45}{1,000} = 1,575$
09. 직접노무비(375,000) ÷ 임률(7,500) = 노무시간(50)
   배부율(100원) × 노무시간(50) = 제조간접비(5,000)
10. $20,000 \times \dfrac{40}{500} = 1,600$

228 정리가 잘된 원가회계

11. ④은 예정배부법 설명이다.

13. 8,000 ÷ 200 = @₩40

@₩40 × 30시간 = 1,200

14. 24,000 ÷ 120 = @₩200

15. 60,000 ÷ 150시간 = @₩400

@₩400 × 13시간 = 5,200

16. 600,000 ÷ 10,000시간 = @₩60

17. 예정: (차) 재 공 품 145,000 (대) 제조간접비 145,000

실제: (차) 제조간접비 143,000 (대) 재 료 비 45,000

노 무 비 61,000

제 조 경 비 37,000

18. 예정: (차) 재 공 품 12,000 (대) 제조간접비 12,000

실제: (차) 제조간접비 10,000 (대) 재·노·경 10,000

차이: (차) 제조간접비 2,000 (대) 제조간접비배부이 2,000

19. 예정: (차) 재 공 품 123,000 (대) 제조간접비 123,000

실제: (차) 제조간접비 125,000 (대) 재·노·경 125,000

차이: (차) 매 출 원 가 2,000 (대) 제조간접비 2,000

20. 예정 50,000 〈 실제 52,000 = 과소배부 2,000

21. 100,000 ÷ 1,000시간 = @₩100

@₩100 × 500 = 50,000

23. (차) 제조간접비 10,000 (대) 매 출 원 가 10,000

24. 25,000 ÷ 10,000 × 10,500 = 26,250(예정배부액)

예정배부액(26,250) 〈 실제배부액(27,000) = 과소배부(750)

25. 32 × 1,800 = 57,600(예정배부액)

예정배부액(57,600) 〉 실제배부액(56,400) = 과대배부(1,200)

26. 19,200 ÷ 1,200 × 1,150 = 18,400(예정배부액)

예정배부액(18,400) 〈 실제배부(20,700) = 차이(2,300)

27. 6,000 + 300 = 6,300(예정배부액)

6,300 ÷ 1,000시간 = 6.3

28. ④ 제조간접비 배부차이의 조정시 회계처리 방법에는 매출원가조
정법, 비례배분법, 영업외손익법이 있다. 따라서 제조간접비 배부
차이를 영업외손익으로 처리가 가능하다.

29. ③제조간접비를 예정배부 하면

(차) 재 공 품 ×× (대) 제조간접비 ××

30. 제조간접비배부차이를 조정하는 밥법에는 매출원가조정법, 비례
배분법, 영업외손익법이 있다.

31. [차이분개]

(차) 제 조 간 접 비 40 (대) 제조간접비배부차이 40

(차) 제조간접비배부차이 40 (대) 재 공 품 8

제 품 4

매 출 원 가 28

$40 × \dfrac{160}{800} = 8$ 160 − 8 = 152

32. 예정: (차) 재 공 품 300,000 (대) 제조간접비 300,000

실제: (차) 제조간접비 250,000 (대) 재·노·경 250,000

차이: (차) 제조간접비 50,000 (대) 제조간접비배부차이 50,000

대체: (차) 제조간접비배부차이 50,000 (대) 재 공 품 ××

제 품 ××

매 출 원 가 ××

즉, 기말재공품, 기말제품, 매출원가는 감소한다.

34. 고정비는 생산량이 감소하면 단위당원가는 증가한지만 변동비는
생산량의 증감에 관계없이 단위당원가는 일정하다.

03 부문별 원가계산

기본문제 4-3

01

부 문 비 배 부 표

원가요소	배부기준	합 계	제조부문		보조부문		
			절단부문	조립부문	동력부문	수선부문	공장사무부문
부문개별비							
간접재료비		165,000	80,000	50,000	20,000	15,000	－
간접노무비		123,000	60,000	40,000	12,000	8,000	3,000
합 계		288,000	140,000	90,000	32,000	23,000	3,000
부문공통비							
수 선 비	수선횟수	48,000	18,000	12,000	8,000	6,000	4,000
건물감가상각비	면 적	90,000	40,000	30,000	9,000	7,000	4,000
기계보험료	기계가액	75,000	30,000	21,000	15,000	9,000	－
합 계		213,000	88,000	63,000	32,000	22,000	8,000
총 계		501,000	228,000	153,000	64,000	45,000	11,000

• 수 선 비 : $48,000 × \dfrac{(9)}{24} = 18,000$

• 건물감가상각비 : $90,000 × \dfrac{(400)}{900} = 40,000$

• 기 계 보 험 료 : $75,000 × \dfrac{(500,000)}{1,250,000} = 30,000$

[부문비배부표분개]

차 변 과 목	금 액	대 변 과 목	금 액
절 단 부 문 비	228,000		
조 립 부 문 비	153,000		
동 력 부 문 비	64,000	제 조 간 접 비	501,000
수 선 부 문 비	45,000		
공 장 사 무 부 문 비	11,000		

02

부 문 비 배 부 표

비 목	배부기준	금 액	제조부문		보조부문	
			절단부문	조립부문	동력부문	수선부문
자기부문발생액		184,000	72,000	68,000	30,000	14,000
보조부문비배부						
동 력 부 문 비	kWh	30,000	18,000	12,000		
수 선 부 문 비	횟수	14,000	5,600	8,400		
보조부문비배부액		44,000	23,600	20,400		
제조부문비합계		184,000	95,600	88,400		

• 동력부문비 : $30,000 × \dfrac{600}{(600+400)} = 18,000$

• 수선부문비 : $14,000 × \dfrac{40}{(40+60)} = 5,600$

[보조부문비 배부분개]

차 변 과 목	금 액	대 변 과 목	금 액
절 단 부 문 비	23,600	동 력 부 문 비	30,000
조 립 부 문 비	20,400	수 선 부 문 비	14,000

03

부 문 비 배 부 표

비 목	배부기준	제조부문		보조부문	
		절단부문	조립부문	동력부문	수선부문
자기부문발생액		20,000	7,500	3,500	5,000
보조부문비배부					
수 선 부 문 비	횟수	3,000	1,500	500	
동 력 부 문 비	kWh	2,000	2,000	4,000	
제조부문비합계		25,000	11,000		

• 수선부문비 : $5,000 × \dfrac{60}{(60 + 30 + 10)} = 3,000$

• 동력부문비 : $(3,500 + 500) \dfrac{400}{(400 + 400)} = 2,000$

[보조부문비 배부분개]

차 변 과 목	금 액	대 변 과 목	금 액
절 단 부 문 비	5,000	동 력 부 문 비	3,500
조 립 부 문 비	3,500	수 선 부 문 비	5,000

04 보 조 부 문 비 배 부 표

비 목	제조부문		보조부문	
	절단부문	조립부문	동력부문	수선부문
자기부문발생액	20,000	7,500	3,500	5,000
보조부문비배부				
동 력 부 문 비	2,000	2,000	(5,000)	1,000
수 선 부 문 비	3,000	1,500	1,500	(6,000)
제조부문비합계	25,000	11,000	0	0

[보조부문비 배부분개]

차 변 과 목	금 액	대 변 과 목	금 액
절 단 부 문 비	5,000	동 력 부 문 비	3,500
조 립 부 문 비	3,500	수 선 부 문 비	5,000

(1) 부문의 배부 비율을 정한다.

	제조부문		보조부문	
	절단부문	조립부문	동력부문	수선부문
자기부문발생액	20,000	7,500	3,500	5,000
동력부문(kwh)	400(0.4)	400(0.4)	–	200(0.2)
수선부문(횟수)	100(0.5)	50(0.25)	50(0.25)	–

(2) 동력부문총원가 : X

수선부문총원가 : Y 라는 가정으로 방정식을 세운다.

$X = 3,500 + 0.25Y$ $Y = 5,000 + 0.2X$

(3) X방정식을 푼다.

$X = 3,500 + 0.25(5,000 + 0.2X)$

$X = 3,500 + 1,250 + 0.05X$

$X - 0.05X = 4,750$

$0.95X = 4,750$

$X = 4,750 \div 0.95$

$X = 5,000$

(4) Y방정식을 푼다.

$Y = 5,000 + 0.2X$

$Y = 5,000 + 0.2 \times 5,000$

$Y = 5,000 + 1,000$

$Y = 6,000$

(5) 보조부문비를 배부 비율에 따라 계산한다.

• 동력부문비 : $5,000 \times 0.4 = 2,000$

• 수선부문비 : $6,000 \times 0.5 = 3,000$

05

구분	차 변 과 목	금 액	대 변 과 목	금 액
(1)	재 공 품	776,000	절 단 부 문 비	400,000
			조 립 부 문 비	376,000
(2)	절 단 부 문 비	360,000	제 조 간 접 비	770,000
	조 립 부 문 비	320,000		
	동 력 부 문 비	40,000		
	수 선 부 문 비	50,000		
(3)	절 단 부 문 비	48,000	동 력 부 문 비	40,000
	조 립 부 문 비	42,000	수 선 부 문 비	50,000
(4)	부문비배부차이	8,000	절 단 부 문 비	8,000
	조 립 부 문 비	14,000	부문비배부차이	14,000
(5)	부문비배부차이	6,000	매 출 원 가	6,000

절단부문비

제 조 간 접 비	360,000	재 공 품	400,000
제 좌	48,000	부문비배부차이	8,000
	408,000		408,000

조립부문비

제 조 간 접 비	320,000	재 공 품	376,000
제 좌	42,000		
부 문 비 배 부 차 이	14,000		
	376,000		376,000

동력부문비

제 조 간 접 비	40,000	제 좌	40,000

부문비배부차이

절 단 부 문 비	8,000	조 립 부 문 비	14,000
매 출 원 가	6,000		
	14,000		14,000

검정문제 4-3

01 ④	02 ④	03 ②	04 ④	05 ①
06 ④	07 ①	08 ③	09 ①	10 ②
11 ④	12 ④	13 ④	14 ①	15 ③
16 ③	17 ①	18 ④	19 ②	20 ④
21 ④	22 ②	23 ③	24 ①	25 ③
26 ①	27 ①	28 ③	29 ③	30 ③
31 ④	32 ④			

[보충설명]

02. 부문의 간접노무비는 부문직접비이다.

03. ① 전력비 – 부문의 전력 소비량

③ 복리후생비 – 부문의 종업원 수

④ 운반비 – 운반거리, 운반횟수

04. ④ 창고부문의 배부기준은 재료사용량, 출고청구횟수, 취급품목수 등으로 한다.

06. ④ 염색부문 근로자의 임금액은 A제품과 B제품의 공통원가이므로 간접비로 구분된다.

07. ① 이중배부율법도 단일배부율법과 같이 직접배분법, 단계배분법, 상호배분법을 적용할 수 있다.

08. ③ 제조부문원가와 제품수명주기는 관계가 없고, 제조부문의 작업내용에 따라 제조지시서별로 배부하여야 한다.

10. ② 부문직접비는 발생한 각 부문에 부과하고, 부문간접비는 각 부문에 배부한다.

12. ④ 단계배부법은 직접배부법과 상호배분법의 절충적인 중간형태이다.

13. ④ 계산의 정확성은 상호배부법〉단계배부법〉직접배부법 순으로 나타난다.

16. ③ 단계배부법을 사용하는 경우에는 배부순서에 따라 특정 제조부문에 대한 배부액이 달라지게 된다.

19. ① 보조부문 상호간의 용역수수관계를 완전하게 인식하는 방식이다.

③ 보조부문 상호간의 용역수수관계가 중요한 경우에 적합하다.

④ 배부절차가 다른 방법에 비해 가장 복잡하다.

21. ④ - 이중배부율법

22. ② 직접배부법은 보조부문을 제조부문에 직접배부한다.

24. 변동제조간접원가 : $1,500,000 \times \dfrac{2,500}{7,500} = 500,000$

고정제조간접원가 : $3,000,000 \times \dfrac{7,000}{15,000} = 1,400,000$

제조간접원가 : $500,000 \times 1,400,000 = 1,900,000$

25. 동력부문 : $30,000 \times \dfrac{600}{(600+400)} = 18,000$

　　수선부문 : $14,000 \times \dfrac{40}{(40+60)} = 5,600$

　　∴ $18,000 + 5,600 = 23,600$

26. 보조부문1 : $46,000 \times \dfrac{40}{(40+40)} = 23,000$

　　보조부문2 : $35,000 \times \dfrac{30}{(30+40)} = 15,000$

　　부문비합계 : $52,000 + 23,000 + 15,000 = 90,000$

27. 동력부문 : $20,000 \times \dfrac{60}{(60+20)} = 15,000$

　　수선부문 : $10,000 \times \dfrac{45}{(45+45)} = 5,000$

　　절단부문비 : $15,000 + 5,000 = 20,000$

28. 수선부문 : $80,000 \times \dfrac{40}{(40+40)} = 40,000$

29.
보 조 부 문 비 배 부 표

비 목	배부기준	제조부문		보조부문	
		절단부문	조립부문	동력부문	수선부문
자기부문발생액		20,000	7,500	3,500	5,000
보조부문비배부					
수 선 부 문 비	횟수	3,000	1,500	500	
동 력 부 문 비	kWh	2,000	2,000	4,000	
제조부문비합계		25,000	11,000		

　수선부문비 : $5,000 \times \dfrac{(60)}{100} = 3,000$

　동력부문비 : $4,000 \times \dfrac{(400)}{800} = 2,000$

　절단부문에 배부된 보조부문비 : $3,000 + 2,000 = 5,000$

30. $18,000 \times 36 / 72 = 9,000$

31. 제1제조부문 : $200 \times 700시간 = 140,000$
　　제2제조부문 : $150 \times 400시간 = 60,000$
　　제품A의 제조간접비 : $140,000+60,000=200,000$

32. 부문1 : $4,500 \div 500시간 = @₩9$
　　　　　$@₩9 \times 50시간 = 450$
　　부문2 : $6,000 \div 1,000시간 = @₩6$
　　　　　$@₩6 \times 200 = 1,200$
　　제품A 부문원가 배부액 : $450+1,200=1,650$

제 5 장 개별 원가계산

01 개별 원가계산

기본문제 5-1

01
원 가 계 산 표

비 목	제조지시서 #1	제조지시서 #2	제조지시서 #3
월 초 재 공 품	10,000	11,000	–
직 접 재 료 비	40,000	30,000	30,000
직 접 노 무 비	23,000	27,000	32,000
제 조 간 접 비	32,000	24,000	24,000
합 　　계	105,000	92,000	86,000

재 공 품

전 월 이 월	21,000	제 　　　 품	197,000
재 　 료 　 비	100,000	차 월 이 월	86,000
노 　 무 　 비	82,000		
제 조 간 접 비	80,000		
	283,000		283,000

제 　 품

전 월 이 월	23,000	매 출 원 가	201,000
재 　 료 　 비	197,000	차 월 이 월	19,000
	220,000		220,000

[당월완성품제조원가 분개]

차 변 과 목	금 액	대 변 과 목	금 액
제 　　　　 품	197,000	재 　 공 　 품	197,000

[보충설명]
제조지시서 #1의 제조간접비 배부

$80,000 \times \dfrac{40,000}{(40,000+30,000+30,000)} = 32,000$

검정문제 5-1

01 ③	02 ④	03 ②	04 ③	05 ①
06 ①	07 ②	08 ④	09 ①	10 ④
11 ②	12 ②	13 ③	14 ①	15 ②
16 ②	17 ②	18 ③	19 ③	20 ③
21 ③	22 ④	23 ③	24 ③	25 ①
26 ③				

[보충설명]
01. ①②④는 종합원가계산업종이다.
02. ④는 종합원가계산 적용업종이다.
03. ②원가기록업무가 복잡하다.
04. ③제조부문별 제조간접비 배분율을 적용하는 것이 공장전체 제조
　　간접비배분율을 적용하는 것보다 더 정확한 원가배분방법이다.
05. ①제조간접비가 발생 한다.
07. (가) (다)는 종합원가계산의 내용이다.
08. ④는 종합원가계산의 특징이다.
09. ①개별원가계산에서 원가를 집계 계산하는 장소는 작업원가표이다.
11. 제조지시서#1의 제조간접비 : $180,000 \times \dfrac{18,000}{108,000} = 30,000$

　　제조지시서 #1의 제조원가 : $20,000+18,000+30,000 = 68,000$

12. ㉠ #3의 제조간접비

$$48,000 \times \frac{(4,800+2,400)}{(120,000+240,000)} = 960$$

　　㉡ #3의 제조원가 : 4,800 + 2,400 + 960 = 8,160

14. 재료비 4,200,000

　　노무비 300 × 8,000 = 2,400,000

　　제조간접비 200 × 15,000 = 3,000,000

　　총원가 4,200,000+2,400,000+3,000,000 = 9,600,000

15. #413의 제조간접비 : 700,000 × 0.5 = 350,000

　　#413의 제조원가 : 630,000 + 700,000 + 350,000

　　　　　　　　　　 = 1,680,000

16. ② 모든 부문이 동일한 배부기준을 사용해도 배부결과는 다르다.

17. ㉠ 공장전체 배부율사용 : 28,000 × 100 / 1,000 = 2,800

　　㉡ 부문별배부율사용(제1부문) : 12,000 × 45 / 600 = 900

　　　 부문별배부율사용(제2부문) : 16,000 × 55 / 400 = 2,200

　　　　　　　　　　　　　　　　 900 + 2,200 = 3,100

18. ③ 재료비 중 간접재료비는 제조간접비를 구성할 수 있다.

19.
재 공 품			
기 초 재 공 품 원 가	20,000	당기제품제조원가	(82,000)
당 기 총 제 조 비 용	80,000	기 말 재 공 품 원 가	18,000

　　82,000 ÷ 5단위 = 16,400

21. #201완성품 ₩11,400을 제품계정에 대체한다.

22.
제 품			
전 월 이 월	23,000	매 출 원 가	164,000
재 공 품	160,000	차 월 이 월	19,000
	183,000		183,000

23.
구 분	No.121	No.131	No.141
전월이월액	14,300	–	–
직접재료비	43,150	32,500	28,700
직접노무비	33,500	54,000	34,000
제조간접비	25,125	40,500	25,500
계	116,075	127,000	88,200

　　No.121제조간접비 : 33,500 × 0.75 = 25,125

　　No.131제조간접비 : 54,000 × 0.75 = 40,500

　　당월제품제조원가 : 116,075 + 127,000 = 243,075

24.
구 분	#120
직 접 재 료 비	7,400
직 접 노 무 비	(7,000)
제 조 간 접 비	(5,600)
계	20,000

$$12,600 \times \frac{8}{(10+8)} = 5,600$$

25.
구 분	제조지시서No.5
월 초 재 공 품	0
직 접 재 료 비	(24,000)
직 접 노 무 비	60,000
제 조 간 접 비	(36,000)
계	120,000

　　제조지시서 No.5의 제조간접비 60,000 × 60% = 36,000

26. 원재료소비액이 누락되면 제품원가는 그만큼 과소 계상된다.

제6장 종합원가계산

01 종합원가계산의 기초

기본문제 6-1

01 (1) 6,000개　　5,000 + (1,000×100%) = 6,000

　 (2) 5,400개　　5,000 + (1,000 × 40%) = 5,400

　 (3) @₩38　　(48,000 + 180,000) ÷ 6,000 = 38

　 (4) @₩60　　(24,000 + 300,000) ÷ 5,400 = 60

　 (5) ₩38,000　(1,000 × 100%) × 38 = 38,000

　 (6) ₩24,000　(1,000 × 40%) × 60 = 24,000

　 (7) ₩62,000　38,000 + 24,000 = 62,000

　 (8) ₩490,000　72,000 + 480,000 − 62,000 = 490,000

02 (1) 700개　　600 + (200×100%) − (100×100%) = 700개

　 (2) 620개　　600 + (200 × 40%) − (100 × 60%) = 620개

　 (3) @₩500　(350,000) ÷ 700개 = @₩500

　 (4) @₩600　372,000 ÷ 620개 = @₩600

　 (5) ₩100,000　(200 × 100%) × @₩500 = 100,000

　 (6) ₩48,000　(200 × 40%) × @₩600 = 48,000

　 (7) ₩148,000　100,000 + 48,000 = 148,000

　 (8) ₩619,000　45,000 + 722,000 − 148,000 = 619,000

03 $$(200×40%) \times \frac{(280,000 + 952,000)}{800 + (200 \times 40\%)} = 112,000$$

04 재료비 : $$(50×100%) \times \frac{(6,000 + 12,000)}{250 + (50 \times 100\%)} = 3,000$$

　 가공비 : $$(50×50%) \times \frac{(3,000 + 24,500)}{250 + (50 \times 50\%)} = 2,500$$

05 $$(40×60%) \times \frac{5,550}{210 + (40 \times 60\%) - (30 \times 40\%)} = 600$$

06 재료비 :

$$(250×100%) \times \frac{2,610,000}{1,500+(250×100\%)-(300×100\%)} = 450,000$$

　 가공비 :

$$(250×40%) \times \frac{1,218,000}{1,500+(250×40\%)-(300×50\%)} = 84,000$$

검정문제 6-1

01 ②	02 ①	03 ①	04 ①	05 ①
06 ②	07 ④	08 ②	09 ③	10 ④
11 ①	12 ④	13 ③	14 ④	15 ③
16 ②	17 ④	18 ②	19 ②	20 ③
21 ①	22 ②	23 ③	24 ④	25 ①
26 ①	27 ①	28 ②	29 ③	30 ①
31 ②	32 ②	33 ①	34 ④	35 ③
36 ③	37 ④	38 ②	39 ③	40 ①
41 ④	42 ③	43 ④	44 ④	45 ④
46 ②				

[보충설명]

01. 가, 나, 라는 개별원가계산에 적합하다.

02. ①제조업의 경우 섬유업, 제분업, 철강업, 광업 등의 산업에서는 종합원가계산을 적용한다.

03. ①작업원가표는 개별원가계산에서 작성한다.

04. ①종합원가계산은 연속 대량생산하는 업종에서 이용한다.

05. ①공정에 투입되어 현재 생산 진행중에 있는 가공 대상물이 어느 정도 진척되었는가를 나타내는 척도를 '완성도' 라 한다.

06. ② 개별원가계산에 대한 설명이다.

07. ④ 개별원가계산은 제조간접비의 배분, 종합원가계산에서는 기말 재공품의 평가가 가장 중요한 사항이다.

08. ② 개별원가계산에 대한 설명이다.

09. ③ 종합원가계산은 완성품환산량을 적용하나, 개별원가계산에는 그러하지 않다.

10. ④ 개별원가계산 : 제조지시서별 집계
    종합원가계산 : 원가계산 기간별 집계

11. ① 개별원가계산에 대한 설명이다.

12. ④ 완성품환산량은 투입된 재료의 양과 일치하지 않는다.

13. ③ 평균법에서는 기초재공품의 진척도 정보가 필요 없다.

14. 종합원가계산 설명이다.

17. ④재료비와 가공비의 투입시점이 다르기 때문에 완성환산량을 별도로 계산한다.

20. 550 + 2,400 − 2,150 = 800

21. ㉠ 500+2,000−1,500=1,000(월말재공품수량)
    ㉡ 1,500 + (1,000×80%) = 2,300

22. ㉠ 기초재공품수량 (500개) + 당기착수량 (2,500개) − 완성품 수량(1,800개) = 월말재공품수량 (1,200)
    ㉡ 1,800 + (1,200 × 30%) − (500 × 40%) = 1,960

24. 20,000 + (20,000 × 50%) − (10,000 × 60%) = 24,000

25. ㉠

제품(수량)			
월 초 제 품 수 량	200	당월제품매출수량	1,400
당 월 완 성 품 수 량	(1,450)	월 말 제 품 수 량	250

    ㉡ 1,450 + (400 × 60%) = 1,690

27. 3,000개 × 30% = 900개

28. ②재료비 완성품 환산량 = 완성품 = 1,000개
    (기말재공품은 완성도가 50%에 도달하지 않았으므로 완성품 환산량은 0개 임.)
    가공비 완성품 환산량 = 완성품 + 기말재공품 × 완성도
    = 1,000개 + (500개 × 40%) = 1,200개

29. 3월 1일 사업을 시작하여 기초재공품이 없다. 따라서 선입선출법과 평균법에 차이가 없다.

31. 350,000 ÷ 500개 = 700

32. ②1,500,000원÷[500+(200×60%)]=2,419원

33. 재료비 : (60,000 + 24,000) ÷ 600개 = 140
    가공비 : (12,000 + 34,800) ÷ 720개 = 65

34. ㉠ 8,000+(2,000×70%)−(3,000×50%)=7,900
    ㉡ 7,900×2=15,800

35. ㉠ 6,000 + 24,000 − 8,500 = 21,500(완성품수량)
    ㉡ 21,500 + (8,500 × 15%) − (6,000 × 70%) = 18,575
    ㉢ 76,956 ÷ 18,575 = 4.14

36. ㉠ 재료비 (200×100%) × 380 = 76,000
    ㉡ 가공비 (200 × 80%) × 140 = 22,400
    ㉢ 76,000 + 22,400 = 98,400

37. ㉠1,000+4,000−3,000=2,000(월말재공품수량)

    ㉡재료비: $(2,000 \times 100\%) \times \dfrac{(5,000+20,000)}{3,000+(2,000 \times 100\%)} = 10,000$

    ㉢가공비: $(2,000 \times 50\%) \times \dfrac{(4,000+12,000)}{3,000+(2,000 \times 50\%)} = 4,000$

    ㉣10,000 + 4,000 = 14,000

38. $(100 \times 50\%) \times \dfrac{(250,000+1,400,000)}{500+(100 \times 50\%)} = 150,000$

39. ㉠

완성품수량 재공품(수량)			
월초재공품수량	15,000	당월완성품수량	(50,000)
당 월 착 수 수 량	45,000	월말재공품수량	10,000

    ㉡ 재료비
    $(10,000 \times 100\%) \times \dfrac{(48,000+180,000)}{50,000+(10,000 \times 100\%)} = 38,000$

    ㉢ 가공비
    $(10,000 \times 40\%) \times \dfrac{(12,600+306,000)}{50,000+(10,000 \times 40\%)} = 23,000$

    ㉣ 38,000 + 23,600 = 61,600

40. ㉠ 재료비
    $(200 \times 50\%) \times \dfrac{400,000}{600+(200 \times 50\%)-(100 \times 60\%)} = 62,500$

    ㉡ 가공비
    $(200 \times 40\%) \times \dfrac{250,000}{600+(200 \times 40\%)-(100 \times 40\%)} = 31,250$

41. ㉠ 기말재공품수량

		재공품(수량)	
기초재공품수량	100	당월완성품수량	440
당기착수수량	400	월말재공품수량	(60)

    ㉡ $(60 \times 50\%) \times \dfrac{820,000}{440+(60 \times 50\%)-(100 \times 60\%)} = 60,000$

42. ③실제원가회계는 실제원가가 집계된 회계기말에 실제원가를 기초로 원가를 계산하는 방법이다.

43. ④평균법에서 완성품환산량은 (당기완성량 + 기말재공품환산량)이다.

44. ④기말재공품의 완성품환산량은 재료의 투입정도 또는 가공 정도 등을 고려하여 직접재료비와 가공비로 구분하여 산정한다.

45. ④기초재공품 완성도를 모를 경우는 평균법이 적용가능하다.

46. ㉠ $X \times \dfrac{(50,000 + 450,000)}{(100 + X)} = 100,000$

    $\dfrac{500,000X}{(100 + X)} = 100,000$

    $500,000X = 100,000 \times (100 + X)$

    $500,000X = 10,000,000 + 100,000X$

    $500,000X - 100,000X = 10,000,000$

    $400,000X = 10,000,000$

    $X = 10,000,000 \div 400,000$

    $X = 25$

    ㉡ 25 ÷ 50 = 0.5(50%)

정답과 보충설명 233

기본문제 6-2

01

단 일 종 합 원 가 계 산 표

적 요	직접재료비	가공비	합 계
재 료 비	422,000		(422,000)
노 무 비		710,000	(710,000)
제 조 경 비		220,000	(220,000)
당 월 총 제 조 원 가	(422,000)	(930,000)	(1,352,000)
월 초 재 공 품 원 가	(40,000)	(53,920)	(93,920)
합 계	(462,000)	(983,920)	(1,445,920)
월 말 재 공 품 원 가	(84,000)	(80,320)	(164,320)
당 월 제 품 제 조 원 가	(378,000)	(903,600)	(1,281,600)
완 성 품 수 량	(1,800)개	(1,800)개	(1,800)개
완성품단위당원가	@₩(210)	@₩(502)	@₩(712)

구 분	계 산 과 정
월말재공품 직접재료비	$400 \times \dfrac{(40,000+422,000)}{(1,800+400)} = 84,000$
월말재공품 가 공 비	$(400 \times 0.4) \times \dfrac{(53,920+930,000)}{1,800+(400 \times 0.4)} = 80,320$

재 공 품

전 월 이 월	93,920	제 품	1,281,600
재 료 비	422,000	차 월 이 월	164,320
노 무 비	710,000		
제 조 경 비	220,000		
	1,445,920		1,445,920

02

단 일 종 합 원 가 계 산 표

적 요	직접재료비	가공비	합 계
재 료 비	(1,000,000)		(1,000,000)
노 무 비		(500,000)	(500,000)
제 조 경 비		(320,000)	(320,000)
당 월 총 제 조 비 용	(1,000,000)	(820,000)	(1,820,000)
월 초 재 공 품 원 가	(220,000)	(80,000)	(300,000)
합 계	(1,220,000)	(900,000)	(2,120,000)
월 말 재 공 품 원 가	(125,000)	(50,000)	(175,000)
당 월 제 품 제 조 원 가	(1,095,000)	(850,000)	(1,945,000)
완 성 품 수 량	(8,000)개	(8,000)개	(8,000)개
완성품단위당원가			
월 초 분	@₩(220)	@₩(150)	@₩(370)
당 월 착 수 분	@₩(125)	@₩(100)	@₩(225)

구 분	계 산 과 정
월 말 재 공 품 직 접 재 료 비	$1,000 \times \dfrac{1,000,000}{8,000+1,000-1,000} = 125,000$
월 말 재 공 품 가 공 비	$(1,000 \times 0.5) \times \dfrac{820,000}{8,000+(1,000 \times 0.5)-(1,000 \times 0.3)} = 50,000$
월초분재료비 단 위 당 원 가	$\{220,000+(1,000 \times 0\%) \times 125\} \div 1,000 = 220$
월초분가공비 단 위 당 원 가	$\{80,000+(1,000 \times 0.7) \times 100\} \div 1,000 = 150$

[보충설명]
- 월초분 단위당원가
  - ㉠월초분 총원가 = 월초재공품원가+(월초재공품수량×
    월초 미완성도)×당월착수분 단위당원가
  - ㉡월초분 단위당원가 = 월초분 총원가 ÷ 월초재공품수량
- 당월착수분 단위당원가 = 완성품환산량 단위당원가

 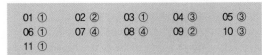

01 ①	02 ②	03 ①	04 ③	05 ③
06 ①	07 ④	08 ④	09 ②	10 ③
11 ①				

[보충설명]

02. ㉠ $200,000 + 600,000 - 300,000 = 500,000$
    ㉡ $500,000 \div 2,000개 = @₩250$

03.
재공품
월 초 재 고	20,000	제 품	(90,000)
당월총제조비용	(100,000)	월 말 재 고	30,000
	120,000		120,000

제 품(수량)
월초제품수량	120	판 매 수 량	620
완 성 품 수 량	(600)	월 말 제 품 수 량	100

$90,000 \div 600개 = @₩150$

04. $(100 \times 0.5) \times \dfrac{(50,000 + 300,000)}{1,200 + (100 \times 0.5)} = 14,000$

05.
재공품(수량)
월초재공품수량	70	완 성 품 수 량	(230)
당 월 착 수 수 량	200	월 말 재 공 품 수 량	40

$(40 \times 0.5) \times \dfrac{(500,000 + 1,500,000)}{230 + (40 \times 0.5)} = 160,000$

$500,000 + 1,500,000 - 160,000 = 1,840,000$

06. ㉠ $(150 \times 0.4) \times \dfrac{18,000}{350 + (150 \times 0.4) - (100 \times 0.5)} = 3,000$
    ㉡ $3,600 + 18,000 - 3,000 = 18,600$

07. ㉠ $(200 \times 0.6) \times \dfrac{3,782,000}{1,300 + (200 \times 0.6) - (400 \times 0.5)} = 372,000$
    ㉡ $200,000 + 3,782,000 - 372,000 = 3,610,000$

09. ㉠ $(150 \times 0.8) \times \dfrac{570,000}{500 + (150 \times 0.8) - (100 \times 0.5)} = 120,000$
    ㉡ $80,000 + 570,000 - 120,000 = 530,000$

10. ㉠ 월말재공품재료비 : $200 \times \dfrac{(8,400+14,500)}{800+200} = 4,600$
    ㉡ 월말재공품가공비 : $(200 \times 0.6) \times \dfrac{(2,400+14,160)}{800+(200 \times 0.6)} = 2,160$
    ㉢ 월말재공품원가 : $4,600 + 2,160 = 6,760$
    ㉣ 완성품원가 : $10,800 + 28,760 - 6,760 = 32,800$

11. $(100 \times 0.5) \times \dfrac{(X + 12,200)}{400 + (100 \times 0.5)} = 1,600$
    $X = 2,200$

기본문제 6-3

01

공 정 별 종 합 원 가 계 산 표

적 요	제1공정	제2공정	합 계
공 정 개 별 비	50,000	100,000	150,000
공 정 공 통 비	37,000	120,000	157,000
전 공 정 비	–	90,000	–
당 월 총 조 비 용	87,000	310,000	307,000
월 초 재 공 품 원 가	30,000	40,000	70,000
합 계	117,000	350,000	377,000
월 말 재 공 품 원 가	27,000	100,000	127,000
당 월 제 품 제 조 원 가	90,000	250,000	250,000
당 월 완 성 품 수 량	100개	200개	
완 성 품 단 위 당 원 가	@₩900	@₩1,250	

구 분	계 산 과 정
제1공정 월말재공품	$(50 \times 0.6) \times \dfrac{(30,000+87,000)}{100+(50 \times 0.6)} = 27,000$

제 1 공 정 재 공 품

전 월 이 월	30,000	제 2 공 정 재 공 품	90,000
공 정 개 별 비	50,000	차 월 이 월	27,000
공 정 공 통 비	37,000		
	117,000		117,000

제 2 공 정 재 공 품

전 월 이 월	40,000	제 품	250,000
공 정 개 별 비	100,000	차 월 이 월	100,000
공 정 공 통 비	120,000		
제 1 공 정 재 공 품	90,000		
	350,000		350,000

[완성품 원가분개]

구 분	차 변 과 목	금 액	대 변 과 목	금 액
제1공정완성품	제2공정재공품	90,000	제1공정재공품	90,000
제2공정완성품	제 품	250,000	제2공정재공품	250,000

검정문제 6-3

01 ①	02 ④	03 ①	04 ③	05 ①
06 ①	07 ①	08 ②	09 ③	10 ①
11 ①	12 ①	13 ③	14 ④	15 ②

[보충설명]

02. 공정별 종합원가계산에서는 노무비와 제조간접비를 구분파악 할 필요가 없다.

07. 420 + 100 − 120 = 400

전공정원가는 제2공정에서 제조착수시 투입되므로 완성도를 100%로 한다.

08. ㉠

재공품(수량)

월초재공품수량	100	완 성 품 수 량	(300)
당 월 투 입 수 량	400	월 말 재 공 품 수 량	200

㉡ 300 + 200 − 100 = 400(완성품환산량)

㉢ 9,600 ÷ 400 = 24(완성품환산량 단위당원가)

09.

제 3 공 정 재 공 품

전 월 이 월	600,000	제 품	3,600,000
재 료 비	800,000	차 월 이 월	500,000
가 공 비	1,200,000		
제 2 공 정 재 공 품	1,500,000		
	4,100,000		4,100,000

10. $(100 \times 0.5) \times \dfrac{340,000}{900+(100 \times 0.5)-(250 \times 0.4)} = 372,000$

11. 제품의 완성도가 50%이고, 재료투입시점이 60%이므로 재료는 아직 투입된 것이 없어 비포함하고, 가공비만 포함한다.

12. ㉠

제1공정재공품(수량)

기 초 재 공 품 수 량	200	완 성 품 수 량	(500)
당 기 투 입 수 량	600	기 말 재 공 품 수 량	300

㉡

제2공정재공품(수량)

기 초 재 공 품 수 량	100	완 성 품 수 량	(400)
당 기 투 입 수 량	500	기 말 재 공 품 수 량	200

㉢ 제1공정완성품환산량 : 500 + (300 × 100%) = 800

㉣ 제2공정완성품환산량은 기말재공품완성도가 0.4(40%)인데 50%시점에서 전량투입되었기에 월말재공품환산량은 0이다. 즉, 완성품환산량은 400 + 200 × 0% = 400이다.

13.

제1공정 재공품

전 월 이 월	30,000	(제 2 공 정 재 공 품)	(90,000)
공 정 개 별 비	50,000	**차 월 이 월**	**(30,000)**
공 정 공 통 비	40,000		

제2공정 재공품

전 월 이 월	40,000	(제 품)	(250,000)
공 정 개 별 비	100,000	차 월 이 월	(100,000)
공 정 공 통 비	120,000		
(제 1 공 정 재 공 품)	(90,000)		

15. 1,200개 × @₩200 = 240,000

기본문제 6-4

01

조 별 종 합 원 가 계 산 표

적 요	A 조	B 조	합 계
조 직 접 비			
재 료 비	650,000	800,000	1,450,000
가 공 비	360,000	460,000	820,000
조 간 접 비	195,000	240,000	435,000
당 월 총 제 조 비 용	1,205,000	1,500,000	2,705,000
월 초 재 공 품			
재 료 비	280,000	340,000	620,000
가 공 비	257,000	164,000	421,000
합 계	1,742,000	2,004,000	3,746,000
월 말 재 공 품			
재 료 비	150,000	120,000	270,000
가 공 비	84,000	48,000	132,000
당 월 제 품 제 조 원 가	1,508,000	1,836,000	3,344,000
당 월 완 성 품 수 량	2,600개	3,400개	
단 위 당 원 가	@₩580	@₩540	

[월말재공품 평가]

A조 월말 재공품	재료비	$500 \times \dfrac{(280,000+650,000)}{2,600+500} = 150,000$
	가공비	$(500 \times 0.6) \times \dfrac{(257,000+360,000+195,000)}{2,600+(500 \times 0.6)} = 84,000$
B조 월말 재공품	재료비	$400 \times \dfrac{(340,000+800,000)}{3,400+400} = 120,000$
	가공비	$(400 \times 0.5) \times \dfrac{(164,000+460,000+240,000)}{3,400+(400 \times 0.5)} = 48,000$

A 조 재공품

전 월 이 월	537,000	A 조 제 품	1,508,000
재 료 비	650,000	차 월 이 월	234,000
가 공 비	360,000		
조 간 접 비	195,000		
	1,742,000		1,742,000

B 조 재공품

전 월 이 월	504,000	B 조 제 품	1,836,000
재 료 비	800,000	차 월 이 월	168,000
가 공 비	460,000		
조 간 접 비	240,000		
	2,004,000		2,004,000

[완성품 원가분개]

구분	차 변 과 목	금 액	대 변 과 목	금 액
A조 완성품	A 조 제 품	1,508,000	A 조 재 공 품	1,508,000
B조 완성품	B 조 제 품	1,836,000	B 조 재 공 품	1,836,000

재 공 품

전 월 이 월	50,000	(제 좌)	(400,000)
재 료 비	250,000	차 월 이 월	(120,000)
노 무 비	150,000		
제 조 경 비	70,000		
	(520,000)		(520,000)

1등급제품

(재 공 품)	(160,000)		

2등급제품

(재 공 품)	(160,000)		

3등급제품

(재 공 품)	(80,000)		

[완성품 원가분개]

차 변 과 목	금 액	대 변 과 목	금 액
1 등 급 제 품	160,000		
2 등 급 제 품	160,000	재 공 품	400,000
3 등 급 제 품	80,000		

검정문제 6-4

01 ④	02 ①	03 ④	04 ③	05 ④
06 ①	07 ③			

[보충설명]

01. ④ 제염업은 단일종합원가계산에 적합한 업종이다.

04. ③ 반별이란 조별 또는 제품별을 말하고, 부문별은 제조간접비를 구분한 것이다.

05. ④ 작업지시서 단위로 원가를 계산하는 것은 개별원가계산형태이다.

06. ① 조간접비를 각 제품에 배부하면 각조의 재공품계정 차변으로 대체된다.

07. ㉠ 갑제품 조간접비

$$450,000 \times \frac{200,000}{(200,000+300,000)} = 180,000$$

㉡ 갑제품 월말재공품재고액

$$(100 \times 0.4) \times \frac{(200,000+120,000+180,000)}{460+(100 \times 0.4)-0} = 180,000$$

㉢ 갑제품 완성품원가

갑제품 재공품

전 월 이 월	0	갑 제 품	(460,000)
재 료 비	200,000	차 월 이 월	40,000
노 무 비	120,000		
조 간 접 비	180,000		
	500,000		500,000

05 등급별 원가계산

기본문제 6-5

01

등 급 별 원 가 계 산 표

등급	판매단가	생산량	총판매가치	배부율	결합원가배부액	단위당원가
1등급제품	@₩500	200개	100,000	10/25	160,000	@₩800
2등급제품	@₩400	250개	100,000	10/25	160,000	@₩640
3등급제품	@₩250	200개	50,000	5/25	80,000	@₩400
			250,000		400,000	

검정문제 6-5

01 ①	02 ①	03 ②	04 ②	05 ②
06 ②	07 ②	08 ①	09 ④	

[보충설명]

02. $8,000,000 \times \dfrac{180,000 g}{(45,000+180,000+75,000) g} = 4,800,000$

03. ㉠ $120,000 \times \dfrac{4,000kg}{(4,000+5,000+6,000)kg} = 32,000$

㉡ $32,000 \div 4,000kg = 8$

04. ㉠ $110,000 \times \dfrac{100,000}{(110,000+105,000+15,000)} = 50,000$

㉡ $50,000 \div 100개 = @₩500$

05. ㉠ $30 \times 400단위 = 12,000$

㉡ $20 \times 500단위 = 10,000$

㉢ $27,500 \times \dfrac{12,000}{(12,000+10,000)} = 15,000$

07. ㉠ $20,000 + 5,000 = 25,000(결합원가)$

㉡ $25,000 \times \dfrac{30kg}{(30+70kg)} = 7,500$

08.
등 급 별 원 가 계 산 표

등급	등가계수	완성수량	적수	배부율	결합원가배부액	단위당원가
1등급	2	500개	1,000	10/14	100,000	@₩200
2등급	1	300개	300	3/14	30,000	@₩100
3등급	0.5	200개	100	1/14	10,000	@₩50
			1,400		140,000	

㉠ 등가계수 × 완성수량 = 적수

㉡ 적수로 배부율을 구한다.

㉢ 결합원가 ₩140,000을 배부율에 따라 배부한다.

㉣ 결합원가배부액 ÷ 완성수량 = 단위당원가

09. 등급별원가계산에서는 제조간접비가 거의 발생하지 않는다. 혹 제조간접비가 발생해도 합리적 배부기준에 따라 배부한다.

06 연산품 원가계산(결합 원가계산)

기본문제 6-6

01

연 산 품 원 가 계 산 표

제품	판매단가	생산량	총판매가치	배부율	결합원가배부액	단위당원가
휘발유	@₩2,000	600kg	1,200,000	12/34	240,000	@₩400
경유	@₩1,500	800kg	1,200,000	12/34	240,000	@₩300
등유	@₩1,000	1,000kg	1,000,000	10/34	200,000	@₩200
			3,400,000		680,000	

- ㉠ 판매단가 × 생산량 = 총판매가치
- ㉡ 총판매가치로 배부율을 구한다.
- ㉢ 결합원가 ₩680,000을 배부율에 따라 배부한다.
- ㉣ 결합원가배부액 ÷ 생산량 = 단위당원가

02

연 산 품 원 가 계 산 표

제품	무게	생산량	총무게	배부율	결합원가배부액	추가가공비	제조원가	단위당원가
A제품	4kg	100	400	4/40	8,000	1,000	9,000	@₩90
B제품	6kg	200	1,200	12/40	24,000	3,000	27,000	@₩135
C제품	8kg	300	2,400	24/40	48,000	6,000	54,000	@₩180
			4,000		80,000	10,000	90,000	

- ㉠ 단위당무게 × 생산량 = 총무게
- ㉡ 총무게로 배부율을 구한다.
- ㉢ 결합원가 ₩80,000을 배부율에 따라 배부한다.
- ㉣ 결합원가배부액 + 추가가공비 = 제조원가
- ㉤ 제조원가 ÷ 생산량 = 단위당원가

검정문제 6-6

01 ①	02 ②	03 ③	04 ①	05 ②
06 ③	07 ③	08 ①	09 ②	10 ①
11 ①	12 ④	13 ④	14 ③	15 ③

[보충설명]

02. ② 조선업은 개별원가계산. 식품제조업은 조별종합원가계산 업종이다.

06. ③ 연산품원가계산 설명이다.

09. ② 분리점이전에 발생한 원가를 결합원가라 한다.

12. ㉠ 500개 × 100 = 50,000

㉡ 600개 × 50 = 30,000

㉢ $30,000 \times \dfrac{50,000}{(50,000+30,000)} = 18,750$

14. ③ 등급품은 주로 동종제품이나 연산품은 주로 유사제품이다.

15. ③ 생우유에서 생산되는 버터, 크림, 탈지유 등은 연산품이라 할 수 있다.

01 7 공손·감손·작업폐물·부산물

검정문제 6-7

01 ①	02 ①	03 ③	04 ③	05 ③
06 ④	07 ①	08 ④	09 ④	10 ②
11 ④	12 ③	13 ④		

[보충설명]

04. ③ 공손은 불합격품이고, 작업폐물은 원재료의 부스러기를 말한다.

06. ④ 원가계산준칙에서 비정상적인 공손비는 영업외비용으로 처리하도록 하고 있다.

08. ④ 작업폐물이 특정제품제조와 관련하여 발생하면 재공품계정에서 차감하고, 여러제품 제조와 관련하여 발생하면 제조간접비계정에서 차감하고, 평가액이 매우 작은 경우에는 잡이익으로 처리한다.

09. ④ 비정상공손은 영업외비용으로 한다. 작업폐물은 공손과 관련 없는 원재료의 부스러기를 말한다.

㉠

재공품(수량)			
기 초 재 공 품 수 량	200	완 성 수 량	800
당 기 착 수 량	800	공 손 량	150
		기 말 재 공 품 수 량	50

- ㉡ 정상공손품 : 800개 × 10% = 80개
- ㉢ 비정상공손품 : 150개 − 80개 = 70개

10. ㉠

재공품(수량)			
기 초 재 공 품 수 량	200	완 성 수 량	(820)
당 기 착 수 량	800	공 손 수 량	80
		기 말 재 공 품 수 량	100

- ㉡ 정상공손수량 : 820개 × 5% = 41개
- ㉢ 비정상공손수량 : 80개 − 41개 = 39개

13. ④ 부산물로서 추가가공 후 자가소비하는 것은 그 추정매입가격에서 추가가공비 발생액을 공제한 가액으로 한다.

제7장 제조원가명세서와 재무제표

기본문제 1-1

01

제조원가명세서

과 목	금 액	
Ⅰ. 재 료 비		
1. 기 초 재 료 재 고 액	(80,000)	
2. 당 기 재 료 매 입 액	(500,000)	
계	(580,000)	
3. 기 말 재 료 재 고 액	(90,000)	(490,000)
Ⅱ. 노 무 비		
1. 급 여	(260,000)	
2. 퇴 직 급 여	(30,000)	(290,000)
Ⅲ. 경 비		
1. 전 력 비	(20,000)	
2. 가 스 수 도 비	(30,000)	
3. 감 가 상 각 비	(10,000)	(60,000)
Ⅳ. 당 기 총 제 조 비 용		(840,000)
Ⅴ. 기 초 재 공 품 원 가		(100,000)
Ⅵ. 합 계		(940,000)
Ⅶ. 기 말 재 공 품 원 가		(110,000)
Ⅷ. 당 기 제 품 제 조 원 가		(830,000)

재 공 품

전 기 이 월	(100,000)	(제 품)	(830,000)
재 료 비	(490,000)	차 기 이 월	(110,000)
노 무 비	(290,000)		
제 조 경 비	(60,000)		
	(940,000)		(940,000)

제조원가명세서

과　목		금　액
Ⅰ. 재　　료　　비		
1. 기 초 재 료 재 고 액	130,000	
2. 당 기 재 료 매 입 액	1,200,000	
계	1,330,000	
3. 기 말 재 료 재 고 액	200,000	1,130,000
Ⅱ. 노　　무　　비		
1. 급　　　　　　여	560,000	
2. 퇴　직　급　여	56,000	616,000
Ⅲ. 경　　　　　비		
1. 전　　력　　비	24,000	
2. 감 가 상 각 비	60,000	84,000
Ⅳ. 당 기 총 제 조 비 용		1,830,000
Ⅴ. 기 초 재 공 품 원 가		60,000
Ⅵ. 합　　　　　계		1,890,000
Ⅶ. 기 말 재 공 품 원 가		45,000
Ⅷ. 당 기 제 품 제 조 원 가		1,845,000

손 익 계 산 서

과　목		금　액
매　　　　　출　　　　　액		2,300,000
매　　출　　원　　가		
기 초 제 품 재 고 액	130,000	
당 기 제 품 제 조 원 가	1,845,000	
기 말 제 품 재 고 액	160,000	1,815,000
매　출　총　이　익		485,000
판　매　비　와　관　리　비		
급　　　　　　　여	240,000	
퇴　직　급　여	24,000	
전　　력　　비	6,000	
감　가　상　각　비	40,000	
광　고　선　전　비	75,000	385,000
영　업　이　익		100,000
영　업　외　수　익		
이　자　수　익	60,000	60,000
영　업　외　비　용		
기　부　금	50,000	50,000
법 인 세 비 용 차 감 전 순 이 익		110,000
법　인　세　비　용		30,000
당　기　순　이　익		80,000

재　료

전 기 이 월	(130,000)	(재 공 품)	(1,130,000)
(외 상 매 입 금)	(1,200,000)	차 기 이 월	(200,000)
	(1,330,000)		(1,330,000)

재 공 품

전 기 이 월	(60,000)	(제　　품)	(1,845,000)
재 료 비	(1,130,000)	차 기 이 월	(45,000)
노 무 비	(616,000)		
제 조 경 비	(84,000)		
	(1,890,000)		(1,890,000)

제　품

전 기 이 월	(130,000)	(매 출 원 가)	(1,815,000)
(재 공 품)	(1,845,000)	차 기 이 월	(160,000)
	(1,975,000)		(1,975,000)

검정문제 7-1

01 ③	02 ④	03 ②	04 ④	05 ②
06 ④	07 ①	08 ③	09 ④	10 ③
11 ③	12 ③	13 ③	14 ④	15 ②
16 ②				

[보충설명]

01. ③ 기초제품재고액은 손익계산서에 기입한다.

02. ④ 매출원가는 손익계산서에 기입한다.

03. ② 당기제품제조원가 = 당기완성품제조원가

04. ④ 제조원가명세서는 손익계산서의 부속명세서로 외부에 보고하지 않는다.

07.
손 익 계 산 서

과　목		금　액
매　　　　　출　　　　　액		300,000
매　　출　　원　　가		
기 초 제 품 재 고 액	36,000	
당 기 제 품 제 조 원 가	230,000	
기 말 제 품 재 고 액	27,000	239,000
매　출　총　이　익		61,000

8.
재 공 품

전 기 이 월	12,000	제　　　　품	52,000
재 료 비	26,000	차 기 이 월	15,000
노 무 비	21,000		
제 조 경 비	8,000		
	67,000		67,000

제　품

전 기 이 월	26,000	매 출 원 가	60,000
재 공 품	52,000	차 월 이 월	(18,000)
	78,000		78,000

9.
재 공 품

전 월 이 월	20,000	제　　　　품	(390,000)
당 월 총 제 조 비 용	400,000	차 월 이 월	30,000
	420,000		420,000

제　품

전 월 이 월	45,000	매 출 원 가	(402,000)
재 공 품	390,000	차 월 이 월	33,000
	435,000		435,000

10. ③제조원가명세서의 당기제품제조원가는 손익계산서의 매출원가 계산에 이용된다. 기초제품재고액 + 당기제품제조원가 - 기말제 품재고액 = 매출원가

11. ③ 제조원가명세서 → 손익계산서 → 이익잉여금처분계산서 → 재무상태표

12. 기초원가란 직접재료비와 직접노무비의 합을 말한다.

13. ①②제품원가는 판매가 완료되었을 때 수익으로부터 차감된다.
　　④ 제품원가는 판매되면 손익계산서(재무제표)에 매출원가로 판매 되지 않은 것은 재고자산으로 재무상태표(재무제표)에 기록된다.

14.
재 공 품

전 기 이 월	(160,000)	제　　　　품	250,000
재 료 비	50,000	차 기 이 월	10,000
노 무 비	30,000		
제 조 간 접 비	20,000		
	260,000		260,000

제　품

전 기 이 월	0	매 출 원 가	250,000
재 공 품	250,000	차 월 이 월	0
	250,000		250,000

손익계산서

매 출 원 가(100%)	250,000	매　　　　출(120%)	300,000
매출총이익(20%)	50,000		

$$300,000 \times \frac{100}{(100+20)} = 250,000$$

15.

재 공 품			
전 기 이 월	130,000	제 품	(710,000)
당기총제조비용	680,000	차 기 이 월	100,000
	810,000		810,000

제 품			
전 기 이 월	50,000	매 출 원 가	(600,000)
재 공 품	710,000	차 기 이 월	160,000
	760,000		760,000

손익계산서			
매 출 원 가(60%)	600,000	매 출(100%)	1,000,000
매출총이익(40%)	400,000		

$$600,000 \div 0.6 = 1,000,000$$

16.

재 공 품			
전 기 이 월	0	제 품	(55,000)
당기총제조비용	60,000	차 기 이 월	5,000
	60,000		60,000

제 품			
전 기 이 월	3,000	매 출 원 가	(58,000)
재 공 품	55,000	차 월 이 월	0
	58,000		58,000

손익계산서			
매 출 원 가(80%)	58,000	매 출(100%)	72,500
매출총이익(20%)			

$$58,000 \div 0.8 = 72,500$$

MEMO

정리가 잘된 원가회계